Ingeborg u. Carl-Bruno

wie schön, daß es Euch gibt

...

wir mögen Euch nämlich
sehr

Susanne u. Jaco

Hbg 22.1.94

Friedhelm Grundmann · Thomas Helms

Wenn Steine predigen

Hamburgs Kirchen vom Mittelalter bis zur Gegenwart

MVS

Medien-Verlag Schubert

Titelbild: Der barocke Turmhelm von St.Katharinen, im letzten Krieg zerstört und neu errichtet, bildet gegenüber der Speicherstadt einen malerischen Akzent im Hamburger Stadtbild.

Rückseite: Die Hauptkirche St.Nikolai war vor ihrer Zerstörung im letzten Krieg eines der bedeutendsten Baudenkmale der Neugotik in Deutschland. Der Blick in das Mittelschiff läßt noch die Atmosphäre eines Kirchenraumes ahnen, der mit dem Kölner Dom wetteifern konnte.

ISBN 3-929229-14-5

Satz und Layout: Mark Zanzig / Medien-Verlag Schubert
Lithographie: Gries GmbH, Ahrensburg
Druck: Gustav A. Schmidt
Printed in Germany

Inhaltsverzeichnis

Einleitung

Als der Verlag mir vorschlug, ein Buch über Kirchenbau in Hamburg zu schreiben, zögerte ich, weil ich annahm, daß angesichts der Fülle von Hamburg-Literatur das Thema längst abgehandelt sei. Zu meiner Verblüffung stellte ich fest, daß es zwar viele Einzeldarstellungen – zum Beispiel der Hauptkirchen oder der Vierländer Kirchen – gibt, aber keine zusammenfassende Kirchbaugeschichte von den Anfängen Hamburgs bis in die jüngste Zeit. Der Versuch, diese Lücke zu schließen, erschien mir verlockend.

Heute stehen im Hamburger Stadtgebiet mehr als 300 Kirchen. Etwa 200 davon sind evangelisch-lutherischer und 42 römisch-katholischer Konfession. Hinzukommen die Kirchen der Reformierten, der Baptisten und Methodisten, der Orthodoxen und weiterer, kleinerer Religionsgemeinschaften.

Das Buch sollte allerdings kein Katalog der Kirchen werden. Deshalb wählten wir exemplarisch 70 von ihnen aus. Da vom Mittelalter bis zum frühen 20. Jahrhundert die Zahl der Kirchen verhältnismäßig gering ist, können hier alle mittelalterlichen und die meisten barocken, klassizistischen und neugotischen Kirchen dargestellt werden. Aus der ersten Hälfte des 20. Jahrhunderts fanden die wichtigsten Bauten der Reformarchitektur und des Neuen Bauens Aufnahme.

Bei der fast unübersehbaren Fülle kirchlicher Neubauten nach 1950 war eine radikale Auswahl der Beispiele unumgänglich. Auch wenn ich versucht habe, die Entwicklungslinie des Kirchbaus nach dem Krieg mit den dafür typischen Bauten deutlich zu machen, bleibt meine Auswahl höchst subjektiv und zu recht angreifbar. Wenn auch noch einige Beispiele aus der eigenen Architekturarbeit dabei sind, bitte ich das dem Autor zu konzidieren, weil er sich damit im Sinne eines Werkberichts auch der Kritik des Lesers stellt.

Texte und Bilder sind aus den unterschiedlichen Sehweisen des Architekten und des Fotografen entstanden und zusammengefügt. Thomas Helms hat aus seiner langjährigen Erfahrung heraus mit geschultem Auge neue und überraschende Blickpunkte gefunden.

Hamburg, im Oktober 1993
Friedhelm Grundmann

Vorwort

„Wenn Steine predigen“

Stein und Fels stehen in ihrer Festigkeit und Dauerhaftigkeit als Gleichnis für Gott. In Steinplatten waren die Zehn Gebote eingegraben, die Moses vom Berg Sinai herabbrachte. Im Felsendom in Jerusalem wird der heilige Fels verehrt. Über ihm errichtete König Salomon den Tempel. Aus Stein sind die Altäre. Große Steinblöcke bilden den Unterbau des Tempels – als Klagemauer ein Fundament jüdischen Glaubens. Der heilige Fels war der Eckstein des Alten Testaments (Jes. 28.16), der im Neuen Testament zum Grundstein christlichen Glaubens wurde, „da Jesus Christus der Eckstein ist, auf welchem der ganze Bau ineinandergeführt wächst zu einem heiligen Tempel im Herrn, auf welchem auch Ihr miterbaut werdet zu einer Behausung Gottes im Geist“ (Eph. 2.20–21). Als Jesus in Jeruslem einzog, jubelten seine Anhänger und lobten Gott. Als einige Pharisäer ihnen den Mund verbieten lassen wollten, entgegnete Jesu ihnen: „Ich sage Euch: Wenn die hier schweigen, werden die Steine schreien“ (Lukas 19.10). Immer wieder wollte man aufrechte Christen am Predigen hindern, ob im Mittelalter oder im Dritten Reich. Und in der Neuzeit hat manchen Menschen der Zeitgeist den Mund versiegelt oder sie dazu verführt, die Botschaft des Evangeliums dem Geist dieser Welt anzupassen.

In der Nachfolge Jesu ist Petrus – wortwörtlich griechisch petros – der Fels, auf dem sich die Kirche gründet. Paulus hat in seinen Briefen lapidar formuliert: „Die Apostel sind die Grundmauern, die Gemeinde das Gewölbe, Christus der Schluß-Stein.“

Um 1480 stellte der Holzschnitzer Bernd Notke Ansgar mit den bischöflichen Insignien, Mitra und Krummstab, dar. Hier zeigt er das Modell des Mariendomes, der ab 1248 errichtet worden war. Nach dem Abbruch des Domes zwischen 1804 und 1807 wurden die beiden Ansgarbilder in die benachbarte St.Petrikirche gebracht und dadurch vor ihrer Zerstörung gerettet.

Die Anfänge der Hamburger Kirchenbaugeschichte

Hamburgs Kirchengeschichte beginnt mit dem Apostel des Nordens, dem Heiligen Ansgar. Im Jahre 832 berief Kaiser Ludwig I. der Fromme, Sohn Karls des Großen, den Benediktinermönch Ansgar zum ersten Bischof des 831 errichteten Bistums Hamburg. Als Bischofskirche diente eine kleine hölzerne Taufkirche, die für die christliche Missionsarbeit innerhalb der um 825 entstandenen Hammaburg errichtet worden war. Diese Burg war ein von Schutzwällen und Gräben umgebenes Geviert von etwa 120 Meter Durchmesser, in dem die wenigen Bewohner der Siedlung „Hamm“ Zuflucht vor Überfällen fanden. Von hier aus wurde der wichtige Ost-West-Handelsweg entlang der Geestkante abgesichert, und zwar an der besonders empfindlichen Stelle des Übergangs durch die flache Furt des Alstertales an der heutigen Reesendamm-Brücke zwischen Bergstraße und Jungfernstieg. Hamburgs Straßennamen sind zum Teil sehr alt, und die Bergstraße dürfte einer der ältesten Hinweise darauf sein, daß die Hammaburg gemeinsam mit der benachbarten Bischofsburg, dem Mariendom und der St.-Petri-Kirche auf dem höchsten Punkt, dem Berg, angelegt wurden. Dort war die Hammaburg der einzige Zufluchtsort vor den vielen Überfällen durch Wikinger, Seeräuber und feindliche Nachbarn. Schon 845 wurde sie bei einem Überfall niedergebrannt. Die Folge war, daß der Bischofssitz in Hamburg aufgegeben und nach dem sicheren Bremen verlegt wurde. Ansgar, inzwischen zum Erzbischof ernannt, residierte von dort aus auch über Hamburg.

Wann die 845 von den Wikinger verbrannte Holzkirche wiederaufgebaut wurde, ist nicht bekannt. Belegt ist jedoch, daß ein römischer Papst im Jahre 965 in Hamburg starb und in der Hammaburg, wohl in einem kirchlichen Raum, bestattet worden ist. Es war Papst Benedikt V., der zur Zeit der Machtkämpfe zwischen den deutschen Kaisern und den römischen Päpsten von Kaiser Otto I. im Jahre 964 nach Hamburg verbannt worden war. Unter Kaiser Otto III. wurde Benedikt rehabilitiert und heilig gesprochen. 999 wurde sein Leichnam nach Rom überführt. Der leere Sarkophag stand noch bis zum Abbruch des Domes dort vor dem Hauptaltar.

Anfang des 10. Jahrhunderts wurde die Missionstätigkeit in Dänemark und Schweden wieder verstärkt, und damit begann der Wiederaufbau der Siedlung am Markt. Zum Neubau einer hölzernen Domkirche kam es ab 1013 unter Erzbischof Unwan. Er ermutigte Handwerker, Kaufleute und Geistliche, sich in Hamburg anzusiedeln. Der nächste Erzbischof, Bezelin Alebrand, ließ um 1040 den Dom nun als Massivbau aus Feldsteinen neu errichten. Daneben entstand ein massiver runder Wohnturm, dessen Fundamente 1962 entdeckt und freigelegt wurden. In einem Schauraum des Untergeschosses Speersort 20 ist dieses frühe Zeugnis Hamburger Kirchenbaugeschichte zu sehen. Doch die Siedlung Hamburg blieb von erneuten Überfällen 1066 und 1072 nicht verschont, so daß sich die Erzbischöfe nun endgültig nach Bremen zurückzogen. Nur das Domkapitel selbst blieb noch in Hamburg bis zur Reformation bestehen.

Der Dom war eine der Mutter Gottes Maria geweihte Bischofskirche, die seit 1248 als Hallenkirche mit einem Mittelschiff und je zwei Seitenschiffen errichtet wurde. Der Backsteinbau erfuhr Erweiterungen und besaß anschliessende Gebäude für die Geistlichen und Angehörigen des Domkapitels. Als letzter Bauabschnitt wurde 1434 der Turm errichtet und mit einem gotischen Spitzhelm bekrönt. An seinem Fuß umgab ihn eine Arkade, von der aus der Türmer die Stadt überblicken konnte. Eine seiner wichtigsten Aufgaben war die Meldung von Bränden, die so rechtzeitig erkannt und bekämpft werden konnten.

Das weitere Schicksal des Mariendomes gehört zu den dunklen Kapiteln der an Abbrüchen wahrlich nicht armen Geschichte des Hamburger Stadtbildes. Dem Abbruch dieses größten und bedeutendsten mittelalterlichen Bauwerks Hamburgs geht die kirchenpolitische Situation nach der Reformation voraus. Der Dom hatte immer mehr an Bedeutung für das kirchliche Leben der Stadt verloren, da er nach Erlöschen des katholischen Bistums keine eigene Kirchengemeinde besaß und nun leer stand. Die Hauptattraktion war der Weihnachtsmarkt in den Räumen der ehemaligen Kirche und des Domkapitels; noch heute erinnert das alljährliche Dom-Fest auf dem Heiligengeistfeld daran. Das Bauwerk selbst ist uns nur noch aus Bildern bekannt. Es verfiel immer mehr und wurde zwischen 1804–1807 schließlich nach einem Beschluß des Senates abgebrochen. Teile des Ziegelmaterials verwendete man zur Aufhöhung der Deiche in den Vierlanden. Wenigstens wurden einige Kunstwerke aus dem Dom geborgen und in anderen Kirchen untergebracht. So ist uns zum Glück die kostbare spätgotische Statue des ersten Hamburger Erzbischofs, des heiligen Ansgar, in der St.-Petri-Kirche erhalten geblieben. Die 154 Zentimeter hohe Eichenholzfigur entstand um 1480 und wird Bernd Notke, dem Schöpfer des großen Triumphkreuzes im Lübecker Dom, zugeschrieben. Ansgar ist in diesem Standbild mit Mitra und Krummstab, also den bischöflichen Würdezeichen, dargestellt. In seiner linken Hand trägt er ein großes Kirchenmodell, dessen Turm den früheren Domturm erkennen läßt. Auch die aus dem Dom stammende Votivtafel von Hans Bornemann von 1457 zeigt ein Modell des Domes. Andere großartige Kunstwerke verstreuten sich nach Mecklenburg, Westpreußen und bis nach Helsinki, wie beispielsweise der Barbara-Altar des Meisters Francke aus der Ratskapelle des Domes. Es ist kaum zu fassen, daß beim Abbruch des Marien-Domes sogar die Grabplatte des in Hamburg gestorbenen Papstes Benedikt V. zerschlagen wurde. Erst 1947 fand man Bruchstücke von farbigen Fayenceplatten bei Grabungen im Dom-Untergrund.

Der Heilige Ansgar wurde 801 geboren und 832 von Kaiser Ludwig I. zum Bischof von Hamburg berufen. In der Hammaburg ließ er die erste Hamburger Kirche errichten. Auf der Bildtafel, die Hans Bornemann 1457 schuf, trägt Ansgar das Modell des Hamburger Domes auf seinen Händen. 1434 war der Bau mit der Errichtung der hohen Turmspitze vollendet worden.

So sah Hamburgs Turmsilhouette im Zeitalter des Barock aus. Joachim Luhn malte 1681 die Stadt von der Elbseite her. Ursprünglich für die Ratsstube im Rathaus geschaffen, hängt das Bild seit 1819 in der St. Jacobikirche. Die Abbildung zeigt nur die rechte Hälfte des Bildes. Von links beginnend, sehen wir das Dach des Johannesklosters und rechts daneben aufragend den barocken Turmhelm der St.Katharinenkirche und ihr hohes Kirchendach. Es folgen die Türme

von St. Petri und des 125 Jahre später abgebrochenen Domes. Das kleine Dach mit dem Dachreiter gehörte zur Gertrudenkapelle, und daneben erheben sich stolz der Turm und das Kirchendach von St. Jacobi. Die Häuser unter den Kirchen zeigen den reichen Giebelschmuck des Barock. Zur Elbe hin sind im Mittelgrund die Wälle und Tore der Befestigungsanlagen zu erkennen. Der Vordergrund zeigt die grüne Grasbrook-Insel mit dem Wandbereiter-Rahmen.

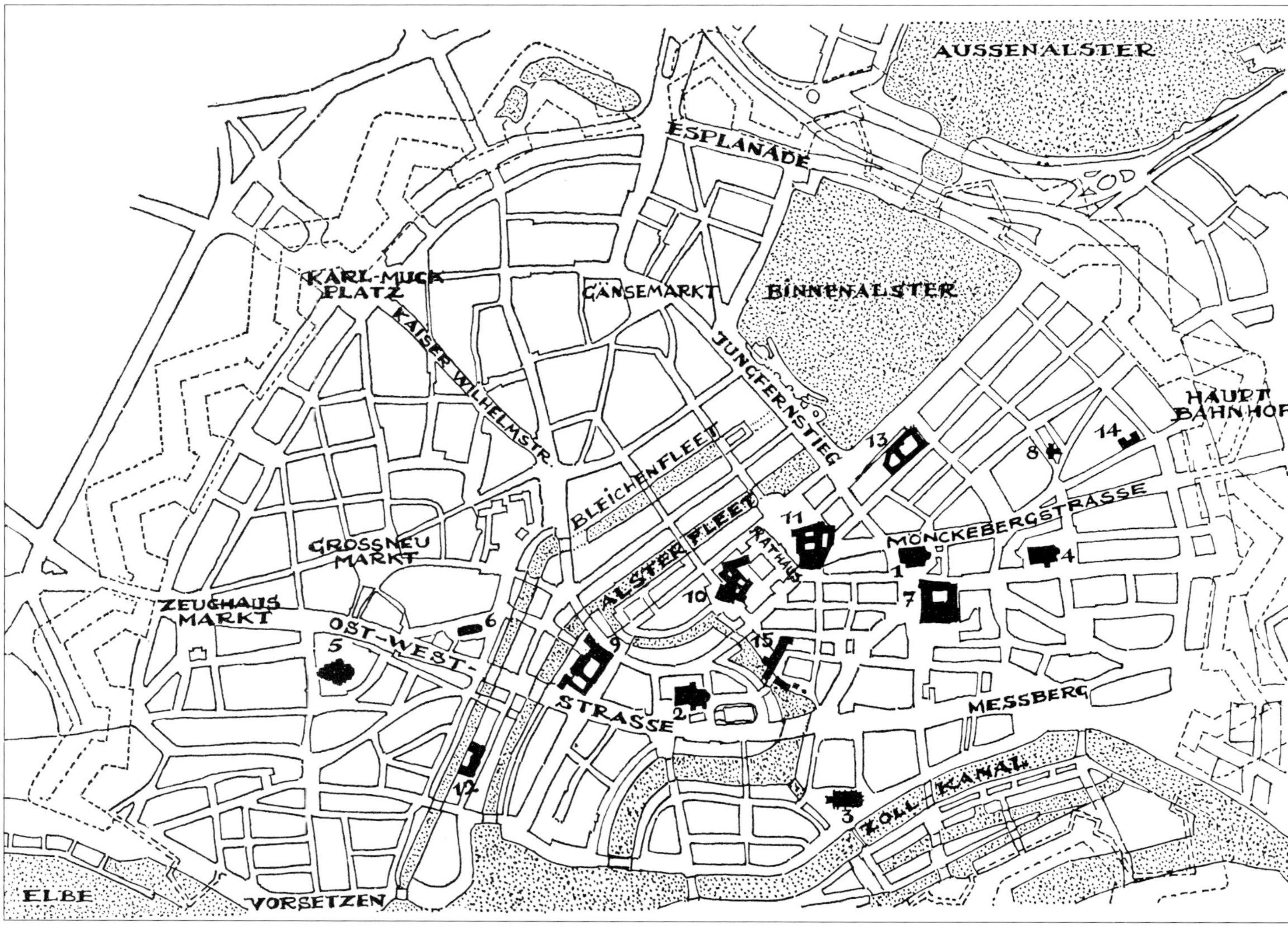

Plan der Hamburger Innenstadt mit den 1804 noch vorhandenen Kirchen, Klöstern und öffentlichen Gebäuden:
(1) St. Petrikirche
(2) St. Nikolaikirche
(3) St. Katharinenkirche
(4) St. Jacobikirche
(5) Große St. Michaeliskirche
(6) Kleine St. Michaeliskirche
(7) Dom
(8) St. Gertrudenkapelle
(9) Heiligengeistkirche und Hospital
(10) St.-Marien-Magdalenenkirche und Kloster
(11) St. Johanniskirche und Kloster
(12) Waisenhaus
(13) Zuchthaus
(14) St.-Hiobs-Hospital
(15) Rathaus

Hamburgs mittelalterliche Kirchen

Hamburg besaß im Mittelalter zwischen dem 13. und 15. Jahrhundert eine reiche Landschaft an Klöstern und Kirchen. Da waren einmal die Klosteranlagen der beiden großen Bettelorden, der Dominikaner und der Franziskaner. Das Johannis-Kloster mit der Johannis-Kirche der Dominikaner nahm in seiner Fläche die halbe Größe des heutigen Rathausmarktes ein. Graf Adolf IV. von Schauenburg hatte das Kloster 1227 gestiftet. Die Kirche war eine spätgotische Halle mit großen Spitzbogenfenstern und einem hohen Satteldach mit Dachreiter. Alle Hamburger Klöster wurden nach der Reformation aufgehoben, so auch das Zisterzienserinnen-Kloster Harvestehude, damals noch Herwardeshude geheißen. Die Nonnen dieses Klosters, die nicht bereit waren, zum lutherischen Glauben überzutreten, wurden zwangsweise in den leerstehenden Gebäuden des Johannis-Klosters untergebracht. 1529 gründete Johann Bugenhagen, der Reformator Hamburgs, in den Gebäuden des Klosters die erste humanistische Schule, das Johanneum. In der Franzosenzeit nach 1806 wurde die Kirche als Lebensmittel-Magazin benutzt, danach zur Exerzierhalle für das Bürgermilitär degradiert und schließlich 1829 abgebrochen.

Dem Maria-Magdalenen-Kloster der Franziskaner erging es nicht besser. Es stand an der Stelle der heutigen Börse am Adolphsplatz. Sein Abbruch begann 1806 und war schließlich 1838 beendet. Zuvor hatte man schon die Kirche des Heiligengeist-Spitals am Rödingsmarkt aufgegeben und ebenfalls 1832 abgebrochen. So standen vor dem

großen Hamburger Brand im Jahre 1842 im wesentlichen noch die vier innerstädtischen Hauptkirchen St. Petri, St. Nikolai, St. Katharinen und St. Jacobi, sowie die St.-Gertruden-Kapelle, ein zierlicher gotischer Bau, von einer barocken Kuppel bekrönt. Als Begräbniskirche stand sie am heute noch so genannten Gertruden-Kirchhof nahe der Spitaler- und Mönckebergstraße. St. Gertruden brannte – wie auch St. Nikolai und St. Petri – 1842 ab, wurde jedoch im Gegensatz zu den beiden Hauptkirchen nicht wieder aufgebaut. Ihr Nachfolgebau steht am Kuhmühlenteich in Hohenfelde, die 1885 errichtete neugotische St.-Gertrud-Kirche. So blieben schließlich vom Hamburger Stadtbild des Mittelalters in ursprünglicher Form nur St. Petri und, mit veränderten Türmen, St. Katharinen, St. Jacobi und St. Nikolai erhalten. Sie standen als Pfarrkirchen im Mittelpunkt ihres Stadtteils: St. Petri als Marktkirche in der bischöflichen Siedlung, St. Katharinen als Kirche der Schiffer und Seefahrer in der Nähe des Hafens. St. Nikolai war die von den Grafen von Schauenburg gegründete Kirche der gräflichen Neustadt und St. Jakobi die Kirche des Stadtteils beiderseits der Steinstraße, wo Handwerker eine erste spätmittelalterliche Stadterweiterung begründeten.

Das Dominikanerkloster mit der St. Johanniskirche nahm etwa die Hälfte des heutigen Rathausmarktes ein. 1215 von Graf Adolf IV. von Schauenburg gestiftet, wurden Kloster und Kirche zwischen 1829 und 1841 abgebrochen. Die zeitgenössische Lithographie von Peter Suhr zeigt noch reichgegliederte Architektur der Backsteingotik.

Hauptkirche St. Petri

Hamburgs mittelalterliche Kirchen haben eine Gemeinsamkeit, die von Nachbarstädten wie Lübeck oder Lüneburg abweicht. Alle Hamburger Kirchen sind nämlich Hallenkirchen. Sie haben gleich hohe Mittel- und Seitenschiffe, im Gegensatz zur Basilika, wo das Mittelschiff die Seitenschiffe überragt und durch hochliegende Fenster eigens belichtet wird. Dieser Bautyp wurde, ausgehend von der Lübecker Marien-Kirche, vom 13. bis zum späten 15. Jahrhundert zum Vorbild für die Kathedralen der Hansestädte. Die Auseinandersetzung über die Bauform zwischen der längsgerichteten Basilika und der dagegen gedrungener wirkenden Halle mit gleich hohen Schiffen über fast quadratischem Grundriß ist in Hamburg eindeutig zugunsten der bürgerlichen Hallenkirche entschieden worden. So wurde die erste Hauptkirche der Hamburger Bürgerschaft, St. Petri, am Markt neben dem Dom als Halle errichtet. Der Bau stammt aus dem 14. Jahrhundert, ist also mittelalterlich, und doch ist man beim Eintritt in die Kirche irritiert über die Nüchternheit der Raumatmosphäre. Ist man wirklich in einer gotischen Kathedrale? Der Zweifel ist berechtigt, und er ist begründet in der dramatischen Geschichte der Kirche von ihrer Entstehung bis zur Neuzeit. Die Reformation hatte St. Petri ohne Bildersturm überstanden; eine Renovierung der Barockzeit kostete den Kirchenraum sein schönstes Kunstwerk, den Hauptaltar von Meister Bertram, der nach Mecklenburg verschenkt wurde. Noch schlimmeres geschah Anfang des 19. Jahrhunderts, als Kaiser Napoleons Truppen Hamburg besetzten. Von 1806 bis zur Befreiung 1814

oben: Zwischen der Mönckebergstraße an der Nordseite und dem südlich gelegenen Domplatz steht Hamburgs älteste Hauptkirche St. Petri, 1195 erstmals bezeugt und 1370 vollendet. Über dem wuchtigen Turmsockel mit den vier Dreiecksgiebeln ragt die gotische Pyramidenspitze auf. Im Luftbild sind die unterschiedlichen Dächer über den verschiedenen Bauteilen gut zu erkennen: das hohe Satteldach über der Hallenkirche, daran anschließend das kleinere abgewalmte Dach über dem Chor und in das Hauptdach einschneidend die vier quergestellten Dächer über dem zweiten südlichen Seitenschiff. Roter Backstein und grün patiniertes Kupfer sind die charakteristischen Materialfarben der norddeutschen Backsteingotik.

linke Seite: Der Blick in den Kirchenraum von St.Petri zeigt die weiträumige Hallenkirche mit schlanken Pfeilern und hochgespannten Rippengewölben. Die Ausstattung entstand im wesentlichen im 19. Jahrhundert, Altäre und Chorfenster nach 1945. *(s. S. 14)*

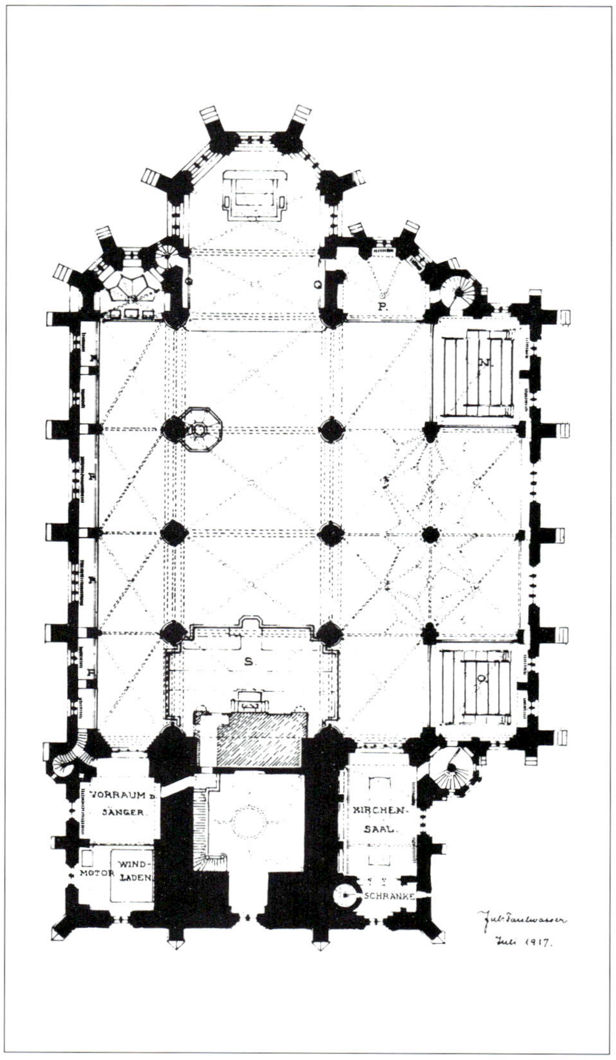

wurde Hamburg dem französischen Kaiserreich als eigenes Departement eingegliedert. Die Kirchen wurden vom Militär beschlagnahmt, und wie schon vorher die anderen Hauptkirchen, wurde auch St. Petri 1813 als Pferdestall von der französischen Kavallerie mit Beschlag belegt. Doch das Schlimmste stand noch bevor. Am 6. Mai 1842 erfaßte der große Hamburger Brand nach der St.-Nikolai-Kirche auch St. Petri und vernichtete die Kirche bis auf die Umfassungsmauern. Am 7. Mai 1842 stürzte die lichterloh brennende Turmspitze herab.

Nach dem Brand gab es heftige Diskussionen, in welchem Stil die beiden abgebrannten Hauptkirchen St. Nikolai und St. Petri errichtet werden sollten. Während man sich bei St. Nikolai für das Abtragen der Ruine und einen vollständigen Neubau im damals aktuellen neugotischen Stil entschied, siegten bei der gleichen Frage in St. Petri die Traditionalisten. Die alte Petri-Kirche sollte wieder, mit Resten der alten Ausstattung versehen und durch neue Einrichtungen ergänzt, entstehen, wie sie seit dem 14. Jahrhundert im Hamburger Stadtbild vertraut gewesen war. Mit dem Wiederaufbau wurden die beiden Baumeister Alexis de Chateauneuf und Hermann Peter Fersenfeldt betraut. Schon bald nach Baubeginn zeigte sich, daß Teile des noch stehengebliebenen Außenmauerwerks sowie die inneren Pfeiler baufällig waren und abgebrochen werden mußten. Schließlich wurde aus dem geplanten Wiederaufbau fast ein Neubau. So konnten die Baumeister trotz der Rekonstruktion der ursprünglichen Dimensionen durch schlankere Proportionen, z. B. der Pfeiler und durch neue Ornamente, ihre eigenen klassizistischen und romantischen Formvorstellungen in die Gestaltung einbringen. Die schmaleren Mittelschiffspfeiler ermöglichten weiträumigere Querblicke durch die Hallenkirche. Entsprechend der Zentralisierung des protestantischen Predigtraumes wurde die Ausrichtung der Gemeinde zur Kanzel hin stärker betont als es früher der Fall war. Chateauneuf gestaltete die neue Kanzel in gotischen Formen und bekrönte sie mit dem aus dem Brand geretteten spätgotischen Schnitzwerk des alten Kanzelschalldeckels aus dem 14. Jahrhundert. Die neugotische Ausstattung von Chateauneuf ist im wesentlichen noch erhalten, nur der Hauptaltar wurde in einem der ersten Luftangriffe durch den Einsturz des Chorgewölbes am 10. Mai 1941 zerstört. An seiner Stelle steht heute vor dem Hintergrund eines von Maria Thierfelder gewebten Teppichs eine Eichenholz-Kreuzigungsgruppe, die in Hamburg um 1490 geschnitzt wurde. Die Altarraumfenster und die gesamte Verglasung des 19. Jahrhunderts wurden durch Sprengbomben 1942 vernichtet. 1959 schuf der Hamburger Maler Claus Wallner vier neue Chorfenster, in denen symbolisch die Themen: Altes Testament, Weihnachten, Ostern und Pfingsten dargestellt sind. 1955 wurde die große neue Orgel auf der Westempore eingeweiht. Das Werk mit 60 klingenden Stimmen schuf Hamburgs bedeutende Orgelbauwerkstatt Rudolf von Beckerath. Den Prospekt, also die Vorderansicht der Orgel und das Orgelgehäuse, entwarf Friedhelm Grundmann. Hamburgs führende Rolle auf dem Gebiet der Kirchenmusik wurde durch dieses bedeutende Instrument gefestigt.

Von der historischen Einrichtung blieb im Laufe der Jahrhunderte und angesichts der wechselvollen Geschichte nur weniges erhalten. Einige Kunstwerke waren vor dem Abbruch aus dem Dom gerettet und in St. Petri aufgestellt worden, so die beiden bedeutenden Ansgar-Bilder, die Statue von Bernd Notke und das Gemälde aus dem späten 15. Jahrhundert. Man muß sich vorstellen, daß alle Hamburger Hauptkirchen ursprünglich mit Altären, Epitaphien, Bildern und Kunstwerken überreich ausgestattet waren. Im späten Mittelalter wetteiferten

oben: Peter Suhr hat dargestellt, wie es in St. Petri 1813 aussah. Die französische Besatzung hatte alle vier altstädtischen Hauptkirchen und auch die Börse zu Pferdeställen degradiert. Die Bänke waren herausgenommen, und die offenen Gräber wurden als Mistgruben benutzt, wie man im Vordergrund sieht. Man sieht auf der Lithographie auch den gewaltigen Barockaltar, der nach der Beseitigung des Meister-Bertram-Altars eingebaut worden war und der 1842 verbrannte.

links oben: Der Plan zeigt den Grundriß von St.Petri nach dem Wiederaufbau. Die Umrisse der Kirche wurden übernommen, die Pfeiler sind jedoch erheblich schlanker geworden. Die vierschiffige Halle bildet ein weiträumiges Quadrat.

links unten: Eines der wenigen vom Brand verschonten Ausstattungsstücke war der Kanzelschalldeckel, wohl ursprünglich Teil des Sakramenthauses. Die wunderschöne filigrane Schnitzarbeit aus der Spätgotik hat Alexis de Chateauneuf zur Bekrönung seiner neugotischen Kanzel benutzt.

rechts: Am Hauptportal unterhalb des Turmes befindet sich auf dem linken Türflügel ein gotischer Türzieher mit einem Löwenkopf und einer Umschrift, in der das Jahr 1342 für die Grundsteinlegung des Turmes bezeugt wird. Auf dem rechten Türflügel wurde eine Nachbildung angebracht mit folgender Umschrift: „1842 Mai 7 durch Feuer zerstört, 1849 Mai 7 dem Herrn neu geweiht."

Spender, Zünfte und Bruderschaften mit Stiftungen, um Gott zu loben und natürlich auch, um sich selbst möglichst prächtig darzustellen. Von den reichen Auftraggebern erhielten die Künstler Aufträge in Hülle und Fülle. So schuf Meister Bertram von Minden um 1379 den größten Flügelaltar aller Hamburger Kirchen in St. Petri. Er wird auch als Grabower Altar bezeichnet, weil die Petri-Gemeinde 1734 den Mittelschrein und zwei Altarflügel der Kirche in Grabow in Mecklenburg schenkte. Auf Initiative des späteren Kunsthallen-Direktors Alfred Lichtwarck konnte 1903 die Hamburger Kunsthalle den Altar aus Grabow zurückkaufen. Lichtwarck entdeckte weitere Teile des Meisterwerks in der Sammlung hamburgischer Altertümer. Der in der Kunsthalle wieder zusammengefügte Altar zeigt, daß Bertram einer der an Originalität und Erfindung wie an malerischer Kraft hervorragendsten Meister der hochgotischen Malerei in Norddeutschland war.

Hamburgs Turmsilhouette hat sich im Laufe der Jahrhundert ständig verändert. Der nach dem Brand von 1842 wiedererrichtete St.-Petri-Turm hat als einziger bis heute seine ursprüngliche Gestalt mit der achteckigen, kupfergrün patinierten Spitzpyramide bewahrt. Im 15. Jahrhundert war gleichzeitig mit St. Petri auch das zweite Hamburger Kirchspiel St. Nikolai emporgewachsen. Der ebenfalls als Pyramidenspitze ausgebildete Turm überragte nach seiner Fertigstellung ab 1518 den Dom und St. Petri und vollendete den Dreiklang der hansisch-niederdeutschen Spitzhelme im Stadtbild. Das Schicksal vieler solcher schweren hölzernen Turmkonstruktionen ereilte St. Nikolai schon 1590, als in stürmischem Gewitter der Blitzschlag die Nikolai-Spitze in Brand setzte und zerstörte. Danach baute man nicht mehr den Spitzhelm auf, sondern beauftragte den holländischen Baumeister Jan Andersen, einen der neuesten Mode entsprechenden Turm in Anlehnung an den vielfach geschwungenen Helm der Oude-Kerk in Amsterdam zu errichten. Andersen war auch der Baumeister der farbenfrohen Renaissance-Kuppel auf dem gotischen Unterbau des St.-Jacobi-Turmes. Als 1648 bei einem schweren Orkan der Spitzhelm der dritten Hauptkirche St. Katharinen umstürzte, entschloß man sich dem Zeitgeschmack entsprechend auch hier für einen barocken Neubau, den bis 1658 der Zimmermeister Peter Marquard schuf.

Dem neuen Geschmack des Barockzeitalters entsprach auch die 1732 bis 1737 durch den Baumeister Johann Nicolaus Kuhn reich gegliederte, vorgeblendete Fassade der Westfront des Turmsockels. Als dann in den Bombennächten des Juli 1943 die Katharinen-Kirche völlig ausbrannte, blieben außer den Umfassungswänden und dem Turmsockel nur noch die monumentalen Rundpfeiler zwischen dem Mittelschiff und den beiden Seitenschiffen stehen. Der Zerstörungszustand war so furchtbar, daß verzagt überlegt wurde, die Ruine abzubrechen und die Kirche nicht wieder aufzubauen. Das Schicksal der gegenüber der Speicherstadt, dem Hafen am nächsten gelegenen Hamburger Hauptkirche schien besiegelt zu sein.

oben: St. Petri vom Turm der St.-Jacobi-Kirche aus gesehen, rechts dahinter das Rathaus und links das grüne Kupferdach und der Turm von St. Michaelis.

linke Seite: Querblick durch die Halle der St. Petrikirche vom südlichen Seitenschiff zur Orgelempore.

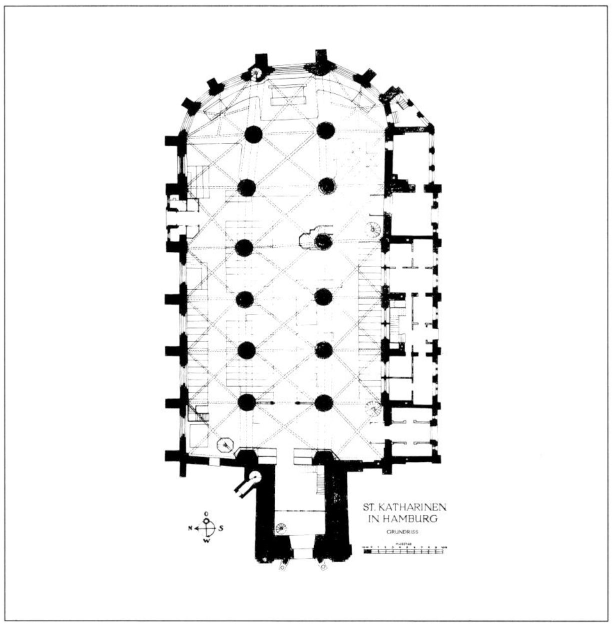

oben: Grundriß der dreischiffigen St.-Katharinen-Kirche ohne einen gesonderten Vorraum. Die Anbauten auf der rechten Seite (Südseite) sind ursprünglich spätgotisch und barock und wurden nach dem Krieg zum Teil modern wiedererrichtet. Gebäude für weltliche Zwecke direkt an Kirchen anzubauen, war in früheren Jahrhunderten durchaus üblich.

rechte Seite: Die Hauptkirche St. Katharinen, hier vom Zollkanal aus gesehen, liegt auf der ehemaligen Grimminsel. Der barocke Kirchturm brannte 1943 mit der gesamten Kirche ab. Der Wiederaufbau von 1950-58 stellt eine der großen Leistungen des Wiederaufbaus nach dem Krieg dar.

Hauptkirche St. Katharinen

Daß es nach dem Krieg doch zu einem Wiederaufbau der St.-Katharinen-Kirche kam, ist im wesentlichen der Initiative des damaligen Hauptpastors und späteren Hamburger Landesbischofs Volkmar Herntrich zu verdanken. 1950 erhielten die Architekten Bernhard Hopp und Rudolf Jäger den Auftrag, die Kirche und den Turm in ihrer ursprünglichen Form zu rekonstruieren. Es dauerte trotz der schwierigen Nachkriegsverhältnisse nur acht Jahre, bis das großartige Wiederaufbauwerk so weit abgeschlossen war, daß Bischof Herntrich am 7. September 1958 die Kirche wieder weihen konnte. Überschattet wurde dieses Ereignis von der Tragik des Unfalltodes des Bischofs nur eine Woche später am 14. September 1958. Sein Name bleibt mit dem Wiederaufbau der Katharinenkirche verbunden.

St. Katharinen wurde zwischen 1380 und 1450 für die Kirchspiele auf den Marscheninseln Cremon und Grimm errichtet. Ursprünglich waren die Seitenschiffe mit eigenen Satteldächern überdacht. Diese Dächer wurden später einem alle drei Schiffe überspannenden mächtigen Dach zuliebe abgebrochen. Darunter erstreckt sich eine Hallenkirche, in der das Mittelschiff höher aufragt als die beiden Seitenschiffe. Die höhergeführten Mittelschiffwände konnten wegen des überspannenden Daches keine Fenster erhalten. Sie wurden jedoch entsprechend ihrer basilikalen Anordnung mit Blindfenstern in Form von Nischen versehen, um die glatten Wände zu gliedern.

Vom Mittelalter bis zum Barock war der Kirchenraum mit Kunstwerken besonders reich ausgestattet. Von den vielen Altären, Bildern und sonstigen Kunstwerken blieben lediglich zwei Epitaphien erhalten, die an Ort und Stelle eingemauert worden waren und nach dem Krieg restauriert werden konnten. Fast alles andere war zerstört. So fiel die Entscheidung für eine moderne Neuausstattung des Kirchenraumes im Zuge des Wiederaufbaus. Die Bestrebungen, zeitgenössische Kunst im kirchlichen Raum zu fördern, zeichnet die Katharinen-Gemeinde bis heute aus. Sie begannen schon 1954 mit dem Auftrag an den Schweizer Bildhauer Otto Münch für die Gestaltung des neuen Hauptaltars, der Kanzel und des Chorgestühls. Die figürlichen Darstellungen des Bronzereliefs über dem Altartisch zeigen das Pfingstwunder, die Apostel und die Ausgießung des Heiligen Geistes. Das silberne Altarkreuz wurde von dem Architekten Bernhard Hopp gearbeitet. Er arbeitete im Kreuzungspunkt drei versilberte Nägel ein, die aus den Trümmern der durch deutsche Bomben 1940 zerstörten Kathedrale von Coventry stammen, ein hoffnungsvolles Zeichen der Versöhnung schon so früh nach dem Krieg. Die Kanzelbilder und die Bildtafeln am Chorgestühl des Altarraumes wurden ebenfalls von Otto Münch geschnitzt. Zwischen 1955 und 1957 schuf der Glaskünstler Hans Gottfried von Stockhausen drei farbige Glasfenster: in der Chorwand über dem Hauptaltar das Gloria-Fenster, im nördlichen Seitenschiff das Tauf-Fenster und über dem Nordeingang das Weihnachts-Fenster. Eindrucksvoll und ergreifend ist im Nordschiff die Gedächtnisstätte zum Gedenken an den tragischen Untergang des Segelschulschiffs „Pamir" am 21. September 1957. Auf der bronzenen Gedenktafel sind die Namen der achtzig auf See gebliebenen jungen Matrosen verzeichnet. Darüber schwebt ein Albatros mit weit ausgebreiteten Flügeln, ein Werk des Bildhauers Gerhard Marcks, der nach dem Krieg in der wiedereröffneten Hamburger Landeskunstschule die Bildhauer-Klasse leitete. Von seinem Meisterschüler Hans Kock stammen in St. Katharinen ebenfalls zwei Kunstwerke. Im Südschiff

195 1-3
195 5
121 1-3

schuf er das vergoldete Hängekreuz, auf dem eine mittelalterliche Christusfigur angebracht wurde, die wohl aus dem Augsburger Dom stammt. Im Altarraum steht die Taufe von Hans Kock, ein in Bronze gegossener Kranich, der auf seinem Rücken die Taufschale trägt. Damit wurde thematisch auf die Stifterfamilie hingewiesen, die 1963 die Taufe „in Memoriam Wolfgang Krahn" stiftete. Als weiteres Kunstwerk schuf 1963 der Hamburger Bildhauer Fritz Fleer das neue Haupteingangsportal an der Südseite, eine Bronzetür mit der Darstellung des „Kreuziget Ihn" auf den Türflügeln.

Zwei Beispiele neuester Kunst zeigen das ungebrochene Engagement der Katharinen-Gemeinde für Kunst in der Kirche. Am Ostende des nördlichen Seitenschiffes steht seit 1983 ein aus Eisen gegossener Altartisch des Bildhauers Helmut Lander. Oberhalb der Tischplatte sind die Halbfiguren der Jünger und des brotbrechenden Christus in ihrer Mitte dargestellt. Die Figuren lassen sich gegeneinander seitlich verschieben, so daß der Altar in verschiedenen Bild-Zuständen die Abendmahlssymbolik verdeutlicht. Das neueste und umfangreichste moderne Kunstwerk wurde 1987 von der Malerin Prinzessin Ingeborg zu Schleswig-Holstein geschaffen. Sie wählte die leeren vermauerten Spitzbogennischen hoch oben im Mittelschiff als Ort für einen Bildzyklus, den sie „Weg ins Licht" nannte. Das Thema wird durch die Farbsymbolik verdeutlicht. Im Westen über der Orgelempore beginnt der Farbweg in tiefsten Blautönen. Die Farbigkeit hellt sich nach Osten immer mehr auf. Träger aller Farben ist ein vollflächig aufgebrachter Goldgrund aus Blattgold, der schließlich über dem Altar am Ostende des Mittelschiffs vorherrscht und alle andere Farbigkeit verdrängt. Der Glanz des Goldes wird zum Zeichen für das himmlische Licht. Das Projekt ist in seiner abstrakten Farb- und Symbolsprache ein überzeugendes Beispiel für die Einbindung sakraler Kunst mit der Sprache unserer Zeit in den kirchlichen Raum.

links: Blick in das Mittelschiff von der Orgelempore aus. Die kräftigen Rundpfeiler verleihen dem Raum einen geschlossenen monumentalen Charakter. Die Nischen in den höhergeführten Wänden, dem Obergaden, wurden durch einen Bildzyklus künstlerisch gestaltet.

rechts: Das große Fenster in der Ostwand über dem Altar wurde 1955-57 von Hans Gottfried von Stockhausen geschaffen. Das Bildthema ist die dritte Strophe aus dem Lied „Wachet auf ruft uns die Stimme", das Philipp Nicolai, Hauptpastor an St. Katharinen von 1601-1608, gedichtet hat: „Gloria sei Dir gesungen, mit Menschen- und mit Engelszungen". Mit in sich nach oben steigenden Kreisen stellte der Künstler alle Kreatur dar, wie sie sich hindrängt zum Thron Gottes, ihm die Ehre zu geben. (Offenbarung Johannes, 4. und 5.Kapitel)

Seite 22: Gotisches Backsteinportal mit der Bronzetür „Ecce homo" von Fritz Fleer 1961/63.

Seite 23: Hängekruzifix im südlichen Seitenschiff, der Korpus wahrscheinlich aus dem Augsburger Dom, um 1300 entstanden und 1954 für St.Katharinen erworben.

INRI

Ausschnitt aus dem Abendmahlsaltar von Helmut Lander 1983. Auf dem Altartisch ist im Zentrum Christus mit dem gebrochenen Brot dargestellt. Seitlich staffeln sich die Köpfe und Oberkörper der Jünger, deren Figuren waagerecht verschiebbar sind, so daß immer neue Bilder hergestellt werden können.

Hauptkirche St. Jacobi

oben: *Historisches Bild aus der Biedermeierzeit von Peter Suhr. Vor der Jacobikirche spielt sich auf der Steinstraße bewegtes Leben ab. Der Kirchturm zeigt die neugotische Turmbekrönung von 1827.*

linke Seite: *Kirchenschiff und Turm der Hauptkirche St.Jacobi an der Steinstraße. Im Stadtbild erscheint rechts der Turm von St. Petri und in der Ferne links über dem Kirchenschiff der St.Katharinen-Turm.*

unten: *Der Grundriß zeigt die dreischiffige Kirche mit ihren jeweils eigenen Chorabschlüssen sowie unten das zusätzliche vierte Seitenschiff nach Süden an der Steinstraße.*

Über dem steilen Satteldach ragt die nach dem letzten Krieg neu erstandene kupferverkleidete Turmspitze der St.-Jacobi-Kirche empor. Die Form des Turmhelmes ist zwar neu in der Silhoutte der Hamburger Kirchtürme, lehnt sich jedoch in der Grundform an den von Hermann Peter Fersenfeldt 1827 errichteten neugotischen Turmhelm an. Eingefaßt von modernen Backsteinbauten des frühen 20. Jahrhunderts zeigt die Kirche mit ihren Anbauten noch jene enge Einfügung in die Umgebung, die für die mittelalterliche Situation typisch war. Der Bau entstand nach 1255 in mehreren Abschnitten bis zur Mitte des 15. Jahrhunderts. Der nördliche Anbau enthält im Obergeschoß den Herrensaal, der 1543 entstand. In letzter Zeit wurden dort gut erhaltene Deckenmalereien freigelegt. Der Kirchenraum mit seinen drei Schiffen, die alle ihre eigenen mehrfach gebrochenen Chorabschlüsse haben, wird durch Rundsäulen gegliedert, über denen sich hohe Kreuzgewölbe erheben und den geschlossenen Raumeindruck bestimmen. An das südliche Seitenschiff wurde um 1500 ein viertes Schiff angebaut. Von der Steinstraße ist es zugänglich durch einen 1869 entstandenen Vorbau von Isaiah Wood, dem bauleitenden Architekten der neugotischen St.-Nikolai-Kirche. Dieses Südschiff hat seine besondere Geschichte durch die erste Nachkriegszeit, als es von 1949 bis 1959 als Notkirche diente. Die Bombenangriffe des Sommers 1943 hatten St.-Jacobi weitgehend zerstört. Der einstürzende Turm durchschlug die Gewölbe, anschließend brannte die Kirche aus. Nur das südliche Seitenschiff an der Steinstraße wurde soweit verschont, daß es nach 1947 wiederhergerichtet werden konnte, um als erster provisorischer Gottesdienstraum für die Gemeinde zu dienen. Anstelle der eingestürzten Gewölbe wurde eine flache Betondecke eingezogen. Die seitlichen Öffnungen zwischen den Pfeilern zur Ruine der ausgebrannten Kirche hin wurden zugemauert. Von der historischen Ausstattung, die gerade rechtzeitig noch vor der Bombardierung ausgelagert bzw. geschützt worden war, konnten einige besonders schöne Stücke in der Notkirche provisorisch aufgestellt werden, so die Kanzel, die Georg Baumann 1610 geschaffen hatte, und der als Hauptaltar verwendete Dreieinigkeits-Altar der Böttcher von 1510 sowie die Altäre der Fischerzunft und der Malerzunft. Der besonders schöne Lukas-Altar der Malerzunft hat heute im Chor der ehemaligen Notkirche seinen endgültigen Platz gefunden. Den älteren Hamburgern werden die Gottesdienste und die Orgelkonzerte von der provisorisch im Westen des Südschiffes aufgestellten Arp-Schnitger-Orgel in unvergeßlicher Erinnerung bleiben, befand man sich doch in einer Oase, umgeben von einer Trümmerwüste mitten in der Stadt.

Nach Sicherung der Ruine wurde 1951 mit dem Wiederaufbau nach Plänen der Architekten Bernhard Hopp und Rudolf Jäger begonnen.

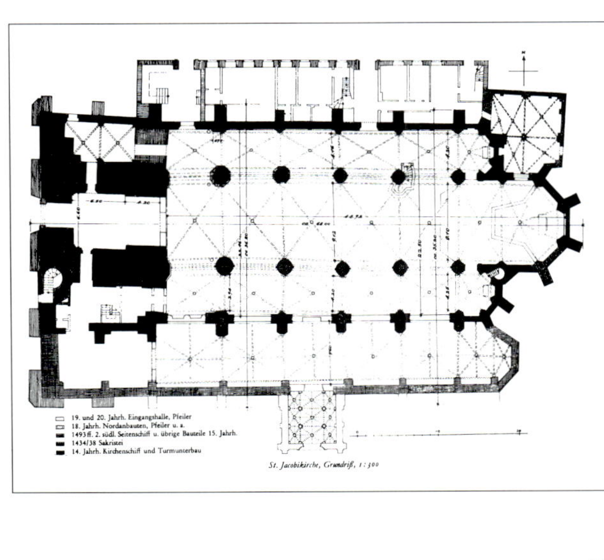

linke Seite: Das Mittelschiff von St. Jacobi ist ausgerichtet auf den Chor mit dem Hauptaltar, dem Trinitatis-Altar der Böttcher und die darüber angeordneten modernen Farbfenster. Um 1510 wurde der St.-Trinitatis-Altar der Böttcher geschnitzt und farbig gefasst.

rechts: Die drei Bildtafeln zeigen im Relief Szenen aus der Weihnachtsgeschichte: oben die Verkündigung, mit großem Schwung erscheint der Engel der Jungfrau Maria, in der Mitte Maria und Joseph kniend an der Krippe vor dem Jesuskind und unten die Anbetung der heiligen drei Könige.

Der Marienaltar der Fischer steht im Chor des südlichen Seitenschiffes. Auch er ist ein wichtiges Zeugnis der bedeutenden und eigenständigen Hamburger Bildhauer- und Malerwerkstätten der Spätgotik.

Zehn Jahre dauerte es, bis die große dreischiffige Halle mit ihrem alles überspannenden Dach, nun in einer modernen Stahlkonstruktion, wiedererstanden war. Als letztes stellte man 1962 den Turm fertig, der nicht in seiner ursprünglichen Form rekonstruiert wurde. Inzwischen erscheint uns seine moderne Form in der Silhouette der Hamburger Türme vertraut.

Die gerettete und restaurierte Ausstattung konnte in der Jacobikirche nach dem Wiederaufbau an ihren ursprünglichen Orten aufgestellt werden. Das Mittelschiff findet im Ostchor seinen Abschluß und Höhepunkt in dem Trinitatis-Altar, der um 1510 von der Zunft der Böttcher gestiftet worden war. Über ihm strahlen in ihrer kräftigen Farbigkeit die vier Chorfenster, die 1958/59 der Münchener Künstler Carl Crodel schuf. Sie stellen in figürlichen und ornamentalen Darstellungen im Ablauf von Norden nach Süden das Leben Christi dar, in der Thematik den kirchlichen Hauptfesten entsprechend. Das Weihnachtsfenster zeigt die Geburt Christi, das Karfreitagsfenster die Kreuzigung, das Osterfenster die Auferstehung und das Pfingstfenster die Verklärung. Diese modernen Glasbilder fügen sich durch ihre formale und farbige Qualität hervorragend in den mittelalterlichen Geist des Kirchenraumes ein. Ein modernes Kunstwerk schloß 1966 den Wiederaufbau ab. Der Bildhauer Jürgen Weber schuf die zweiflügelige Bronzetür des Westportals unterhalb des Turmes. Wie in einem erstarrten metallenen Vorhang ist im Relief die Geschichte des Heiligen Jacobus verbildlicht. Am Türknauf erscheint der Heilige Michael im Kampf mit dem Drachen. Über den Türflügeln ist Christus als Weltenrichter in Gestalt eines Häftlings dargestellt, umgeben von den apokalyptischen Tieren, den sieben Engeln, die Posaunen blasen, und den fünf klugen und fünf törichten Jungfrauen. Die letzte Baumaßnahme im Inneren war die Wiedereinbeziehung des zweiten südlichen Seitenschiffes in die Hallenkirche durch den Abbruch der Trennwände zwischen der ehemaligen Notkirche und der wiederaufgebauten Halle. Nun fiel endlich wieder das volle Seitenlicht durch die großen spätgotischen Maßwerkfenster an der Steinstraße bis in das Mittelschiff hinein. Um jedoch das zweite Südschiff für besondere Zwecke, wie Ausstellungen oder unterschiedliche Veranstaltungen, akustisch von der Kirche abtrennen zu können, wurden 1983 große Glastrennwände zwischen den beiden Südseitenschiffen eingebaut, in denen Türen für die Verbindung sorgen und durch die das Licht voll in das Kircheninnere einströmen kann.

Am Ostersonntag 1993 fand in St. Jacobi ein Ereignis statt, das für ganz Hamburg bedeutend war. Nach jahrelanger Restaurierung wurde die Arp-Schnitger-Orgel wieder eingeweiht. Als sich Johann Sebastian Bach 1720 um die Organistenstelle an St. Jacobi bewarb, spielte er auf dieser Orgel. Arp Schnitger, der bedeutendste norddeutsche Orgelbauer, hatte sie von 1689 bis 1693 erbaut und damit sein größtes noch erhaltenes Orgelwerk geschaffen. Das Schnitzwerk des Prospektes und die Figuren über dem Rückpositiv stammen von dem Bildschnitzer Christian Precht. Im 19. Jahrhundert war das Instrument durch technisch modernistische Veränderungen arg ramponiert worden. Im frühen 20. Jahrhundert wurde es wiederum berühmt dadurch, daß der Hamburger Dichter und Orgelbauer Hans Henny Jahnn zwischen 1928 und 1930 das Instrument im Geiste der von ihm mitbegründeten Orgelreformbewegung in seinen historischen Ursprungszustand versetzte. Seit 1960 stand die Orgel dann wieder im Mittelschiff auf einer neu geschaffenen Westempore. Doch Krieg und Nachkriegszeit hatten ihr schwer zugesetzt. Dank einer großen Spendenaktion wurde die aufwendige Restaurierung und Wiederherstellung der ursprünglichen Qualität des Arp-Schnitger-Werkes in den letzten Jahren möglich. Die Orgel gehört heute zu den bedeutendsten historischen Instrumenten Europas.

oben: Die Kanzel ist ein hervorragendes Werk des späten Manierismus der Renaissance, 1610 durch den Hamburger Bildhauer Georg Baumann geschaffen. Das Marmorrelief zeigt die Auferstehung Christi aus dem Grabe.

Seite 32: Eine ungewöhnliche Darstellung der Geburt Christi zeigt das Bild auf dem Außenflügel des St.-Trinitatis-Altars. Das Jesuskind liegt nackt auf dem Steinfußboden, ein Engel hält darüber ein schützendes Tuch, während Maria und Joseph neben dem Kind knien.

Seite 33: Ende des 15.Jahrhunderts stiftete die St.Lukas-Brüderschaft der Maler und Glaser ihrem Patron, dem Heiligen Lukas, einen Altar. Die fast vollplastisch aus einem Stück geschnitzte Figurengruppe im Mittelschrein vereinigt zwei Legendenthemen zu einer Darstellung. Auf der linken Seite wird die Vermählung der heiligen Katharina gezeigt. Das Christuskind auf dem Schoß der Maria steckt Katharina den Ring auf. Auf der rechten Seite sitzt der Heilige Lukas vor einer Staffelei und malt die Madonna. Neben ihm reibt ein Knabe die Farben an. Im Hintergrund stehen die vier lateinischen Kirchenväter: St. Ambrosius, St. Hieronymus, St. Gregor, St. Augustin sowie St. Cyriakus, einer der vierzehn Nothelfer. Der Altar stammt aus der Werkstatt von Bernd Notke.

Von der vierten mittelalterlichen Hauptkirche Hamburgs, St. Nikolai, ist nichts mehr erhalten. Sie brannte 1842 vollständig aus. Ihre Geschichte vom Hamburger Brand bis zur heutigen St.-Nikolai-Kirche am Klosterstern wird uns bei der Darstellung der Kirchen des 19. und 20. Jahrhunderts beschäftigen. Innerhalb des heutigen Hamburger Staatsgebietes steht südlich von Harburg als einziger noch in wesentlichen Teilen original erhaltener mittelalterlicher Bau die Kirche in Sinstorf *(Abb. S. 38/39)*. Die ursprünglich dreischiffige Basilika wurde um 1200 mit Findlingen und Feldsteinen aufgemauert, dem ortstypischen Baumaterial der Romanik, bevor dann in der Gotik der Backstein zum Hauptbaumaterial wurde. In der nördlichen Außenwand der Sinstorfer Kirche kann man noch vier kleine romanische Rundbogenfenster sehen. Sie belichteten ursprünglich das hochgezogene Mittelschiff. Als das nördliche Seitenschiff nach 1400 abgebrochen wurde, vermauerte man die unteren Öffnungen zum Mittelschiff mit Feldsteinen. Ihre Rundbögen zeichnen sich noch im Außenmauerwerk ab. Um 1660 wurde der Chor verbreitert und der mittelalterliche Turm abgebrochen. An seiner Stelle errichtete man einen kleinen Dachreiter über der Giebelwand des Ostchors. Anstelle des in die Kirche eingebundenen Turmes wurde später, wie bei vielen Dorfkirchen Nordelbiens, ein freistehender hölzerner Glockenturm errichtet. Bei den häufigen durch Blitzschläge verursachten Kirchenbränden war es sinnvoll, die Türme abgerückt zu bauen, um so das Übergreifen des Brandes auf das Kirchenschiff zu verhindern.

Auch von innen ist die Kirche mit ihrer sehr schönen barocken Ausstattung sehenswert. Ein Gang über den von Bäumen überschatteten Friedhof mit seinen zahlreichen alten Grabdenkmälern lohnt sich. Reste mittelalterlicher Kirchenbauten sind sonst nur noch in den ehemaligen Kirchspielkirchen von Eppendorf, Alt-Rahlstedt und Bergstedt sowie in den beiden Vierländer Dorfkirchen von Altengamme und Neuengamme zu finden. Sie sind alle barock überformt und werden im Zusammenhang mit den Kirchen des 17. und 18. Jahrhunderts behandelt.

links: Ausschnitt aus dem Weihnachtsfenster im Chor von St. Jacobi im Kreis die Darstellung der Geburt Christi mit der Mutter Gottes im Zentrum, darunter die Flucht nach Ägypten.

rechts: Die neuen Chorfenster des Münchner Künstlers Carl Crodel entstanden 1958 und 1959. Das Karfreitagsfenster stellt das Passionsgeschehen mit der Kreuzigung Christi im Zentrum dar. Durch ihre formale und farbige Qualität passen die modernen Fenster hervorragend in den mittelalterlichen Kirchenraum von St. Jacobi.

Seite 36: 1693 beendete Arp Schnittger sein größtes noch erhaltenes Orgelwerk in St. Jacobi. 300 Jahre später wurde in einer aufwendigen und ausgezeichneten Renovierung die erneuerte Orgel mit ihrem vollplastischen Barockprospekt wieder in Gebrauch genommen. Hamburgs reiche Orgellandschaft hat mit diesem Werk ihren Höhepunkt gefunden.

Seite 37: An der Turmfront innerhalb eines barocken Sandsteinportals befindet sich seit 1986 eine neue Bronzetür mit oberem Tympanon. Auf den Türflügeln ist ein nach beiden Seiten gerafftter Vorhang dargestellt. Auf dem rechten Flügel erscheint der Heilige Michael im Kampf mit dem Drachen. Im Tympanon steht Christus als Weltenrichter mit den fünf klugen und fünf törrichten Jungfrauen zu seinen Füßen.

oben: Der reichgeschnitzte Barockaltar der Sinstorfer Kirche mit der Darstellung der Kreuzigung Christi im Altarbild.

links: Die noch in wesentlichen Teilen original erhaltene mittelalterliche Kirche in Sinstorf, südlich von Harburg, steht inmitten des von hohen Bäumen überschatteten Friedhofs.

oben: Eine alte Photographie zeigt die Hamburger Neustadt von der Elbe aus mit dem Hafen im Vordergrund. Darüber erhebt sich Hamburgs Wahrzeichen, der „Michel", mit seinem charakteristischen Turm.

rechte Seite: Der Innenraum der Hauptkirche St.Michaelis von der Orgelempore aus gesehen.

Kirchen des Barock

Den wenigsten Hamburgern ist bewußt, daß ihre Stadt zwischen dem 30-jährigen Krieg und der französischen Revolution von einer bürgerlichen Barock-Kultur geprägt wurde wie kaum eine der großen Städte Deutschlands. Fast nichts ist davon stehengeblieben außer einigen barocken Giebelhäusern, z. B. in der Deichstraße. Die nachgebauten Kopien in der Peterstraße ergeben ein museales Bild, wie es in etwa im 18. Jahrhundert in Hamburg in der Alt- und Neustadt straßauf, straßab ausgesehen hat. Die barocke Stadt ging unter in Bränden, Abbrüchen und Bombardements. Allein 1842 wurde im großen Hamburger Brand ein Drittel der Altstadt eingeäschert. Der Bau der Speicherstadt Ende des 19. Jahrhunderts vernichtete ein ganzes Barockviertel am Hafen auf dem Holländischen Brook. Die Stadtsanierungen folgten mit ihren Flächenabbrüchen nach der Cholera-Epidemie von 1892 bis zur Zeit nach dem Ersten Weltkrieg, und schließlich waren es die Bomben des Krieges, die bis auf wenige Zeugen auch noch die letzten Reste barocker Häuser vernichteten. Um so deutlicher stechen die wenigen sichtbaren Zeugen dieses Zeitalters in die Augen, vor allem die große St.-Michaelis-Kirche und die Barockkirchen in Altona. Auch die alten Hamburger Kirchspielkirchen und die Dorfkirchen der Vier- und Marschlande und des Alten Landes sind noch hervorragend erhaltene Zeugen dieser Zeit und Schmuckstücke mit ihren barocken Innenausstattungen.

Hauptkirche St. Michaelis

Während des 30jährigen Krieges wurden die Festungsanlagen rings um Hamburg ausgebaut und erweitert. Im Westen der Altstadt entstand dadurch ein großer neuer Stadtteil, der bis dahin nur dünn besiedelt war. Durch den Zuzug von Flüchtlingen während und nach dem schrecklichen Krieg füllten sich die freien Flächen sehr schnell mit Wohnhäusern entlang eines planmäßig angelegten Straßennetzes. Das Kirchspiel des neuen Stadtteils widmete man dem Heiligen Erzengel Michael. Eine schon seit 1605 vorhandene Friedhofskapelle wurde vergrößert und erhielt den Namen St. Michaelis. Aus dieser kleinen Kirche entstand später nach Abbruch und Wiederaufbau der sogenannte „Kleine Michel“. Seit 1811 diente diese Kirche der katholischen Kirchengemeinde als erstes eigenes Gotteshaus in Hamburg. Im Krieg zerstört, wurde sie als St.-Ansgar-Kirche neu erbaut. Der Vorgängerbau der heutigen großen Michaelis-Kirche entstand zwischen 1648 und 1675 durch die Baumeister Christoph Corbinus und Peter Marquard. 1750 schlug der Blitz in den Turm ein, und durch den anschließenden Brand wurde die Kirche völlig eingeäschert. 1751 riß man die Wände der Ruine ein, um an ihrer Stelle eine größere und schönere Kirche zu bauen. Bis 1762 entstand durch die Baumeister Johann Leonhard Prey und Ernst Georg Sonnin der bedeutendste protestantische Kirchenbau des 18. Jahrhunderts in Norddeutschland. St. Michaelis kann man als barockes Gesamtkunstwerk bezeichnen. Der vollkommene Zusammenklang zwischen Raumform und Ausstattung ergibt eine festliche Wirkung, die man bisher nur in süddeutschen Kirchenräumen der gleichen Zeit, wie z. B. Vierzehnheiligen, kannte. Der Michel-Pastor Helge Adolphsen nennt diesen Raum eine „sakrale Wohlfühl-Volkskirche“. Die Bedeutung für den protestantischen Kirchenbau liegt in ihrer Zentralisierung als Predigt-Kirche. Innerhalb des kreuzförmigen Grundrisses steht die Kanzel fast übergroß im Zentrum des Raumes. Es entsprach der Tendenz dieser Zeit, einen eigenständigen evangelischen Kirchenraum zu entwickeln, wie ihn vorbildhaft die Frauenkirche in Dresden zeigt. Von der Kanzel ausgehend wird der Gemeinderaum in der oberen Ebene eingefaßt von dem bewegten Band der Emporenbrüstung.

Über ihr erhebt sich im Osten die riesig große Orgel, der Gegenpol zur Kanzel. Wort und Musik, Predigt und Kantate, das sind die Eckpfeiler des barocken Protestantismus. Nicht umsonst wird der größte Kirchenmusiker des Barock, Johann Sebastian Bach, als 5. Evangelist bezeichnet. Sein Sohn, der in seiner Zeit fast noch berühmtere Carl Philipp Emanuel Bach, war lange Zeit Musikdirektor der Hamburger Hauptkirchen mit Residenz in St. Michaelis. Unterhalb der Kirche befindet sich die größte Gruftanlage in einer deutschen Kirche. In ihr liegt der Hamburger Bach, der 1788 starb, begraben, ebenso der Baumeister des

linke Seite: Schwungvoll umfaßt die Orgelempore das Mittelschiff. Auf einer zweiten höhergelegenen Empore erhebt sich das große Orgelwerk, eines der Hauptinstrumente des hamburgischen Kirchenmusiklebens.

unten: Historischer Plan der Unterkirche, einer der größten Gruftanlagen in Deutschland. Zwischen der Erbauung und der Franzosenzeit wurde hier in den tiefen Grüften bestattet, so Karl Philipp Emmanuel Bach und Ernst Georg Sonnin. Im Krieg diente die Unterkirche als Luftschutzkeller, danach als Notkirche. Heute ist dort eine Ausstellung aus der Geschichte der Michaeliskirche zu sehen.

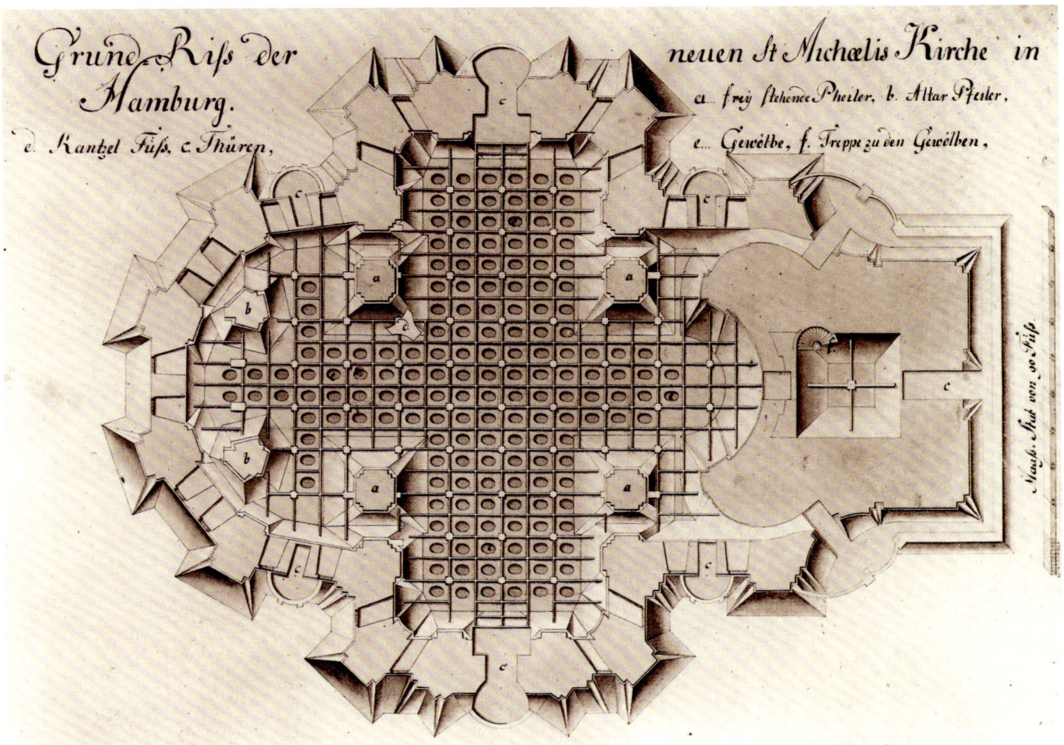

oben: Der Brand der St.Michaeliskirche am 3. Juli 1906.

rechte Seite: In dem alten Luftbild erkennt man das kreuzförmige Schiff der St. Michaeliskirche und den schon klassizistisch wirkenden Turmaufbau. Vor dem Krieg war die Kirche eng umbaut von den Wohn- und Geschäftshäusern der Neustadt.

unten: Die Eingangsportale mit den Dreiecksgiebeln und dem darüber aufsteigenden Mansardendach zeigen das barocke Formspiel des 18.Jahrhunderts. Typisch für die norddeutsche Bauweise ist das Mauerwerk aus rotem Backstein und die Betonung der Fenster- und Türumrahmungen sowie der Gesimse mit ihrem hellem Sandstein.

Michel, Ernst Georg Sonnin, 1794 beigesetzt. In der Franzosenzeit nach 1806 mußte die Gruft geschlossen werden, da alle Begräbnisse innerhalb der Stadt verboten wurden. Als Folge entstanden die Kirchhöfe, z. B. im heutigen Gelände von Planten un Blomen vor den Mauern der Stadt.

Hundert Jahre später geriet bei Reparaturarbeiten der Turm von St. Michaelis in Brand. Der getreue Türmer Beuerle kam bei dem Versuch, noch zu löschen, in den Flammen um. Prasselnd stürzte der Turm in sich zusammen. Das Feuer griff auf das Kirchenschiff über; vom Dachstuhl aus brannte St. Michaelis vollkommen aus. Von diesem dramatischen Ereignis am 3. Juli 1906 gibt es eine Reihe von Fotografien, die den lichterloh brennenden Turm inmitten der eng an die Kirche herangebauten Wohnhäuser und deren große Gefährdung deutlich zeigen. Es entbrannte eine heftige Diskussion über die Frage: Neubau einer modernen Kirche oder Rekonstruktion des barocken Michel. Schließlich stimmte die Mehrheit der Bevölkerung gegen die Fachexperten und brachte den Senat dazu, die Rekonstruktion des historischen Baues zu veranlassen. Von 1907 bis 1912 wurde der Nachbau von den Architekten Faulwasser, Geissler und Meerwein durchgeführt. Am 19. Oktober 1912 fand mit einem großen Festakt die Einweihung der dritten St.-Michaelis-Kirche statt. Fast wäre auch deren Schicksal im März 1945 besiegelt worden, als Sprengbomben eines der letzten Bombenangriffe des Zweiten Weltkrieges große Teile des Daches und des Kirchenschiffes beschädigten. Die Wiederinstandsetzung unter Vereinfachung einiger Dekorationen führte von 1949 bis 1958 der Architekt Gerhard Langmaack aus. Eine zum Teil neue Farbgebung veränderte den Kirchenraum erheblich. Der Architekt hat mit dem damaligen Denkmalpfleger Günther Grundmann die dunklen Naturholzeinbauten der erdgeschossigen Logen und der Emporenbrüstung in eine neue Farbfassung aus grau-grün-Tönen und weiß-goldenen Umrandungen gebracht. Seitdem wirkt der Raum sehr viel heller, aber auch weniger hanseatisch, mehr mit einem süddeutschen Einschlag. Kein Wunder, stammte der Denkmalpfleger doch aus dem österreichisch beeinflußten barocken Schlesien.

Der Turmaufbau von St. Michaelis hat über seine Bedeutung als Wahrzeichen weithin sichtbar über die Elbe und den Hafen hinaus durch seine prägnante Form eine epochale Bedeutung in der Architekturgeschichte. Mit ihm beginnt in Hamburg eine neue Stilepoche, der Klassizismus. 1786 war der von Sonnin entworfene Turmhelm vollendet, drei Jahre vor Ausbruch der französischen Revolution schon von der sogenannten französischen Revolutions-Architektur beeinflusst. Charakteristisch ist, daß die Einzelformen nicht mehr wie bei dem geschwungenen barocken Turmhelm ineinander fließen, sondern daß sich die Formelemente klar voneinander absetzen und im wahrsten Sinne des Wortes übereinander türmen. Der quadratische Würfel mit den Uhrblättern wird überbaut von der Säulentrommel, die einem Zylinder entspricht. Darauf ist eine Halbkugel als Kuppel gesetzt, die bekrönt wird von einer Pyramide als Turmspitze. Am Ende der Barockzeit findet die Architektur zur klaren, strengen Geometrie.

Schon 70 Jahre nach dem zweiten Turmbau zeigten sich schwere Schäden in der Stahlturmkonstruktion und der Kupferverkleidung. 1983 spendete ein nach Amerika ausgewanderter Hamburger Kaufmann anonym vier Millionen DM für die dringend notwendige Restaurierung des Turmes. Seitdem sind die Renovierungsarbeiten im Gange; die Turmkuppel ist seit 1988 wieder vom Gerüst befreit. Für 1996 ist der Abschluß der Turmrenovierung geplant.

Luftbild von Altona mit der Hauptkirche St. Trinitatis im Zentrum (linke Bildseite). Hinter der Kirche verläuft die Königstraße von St. Pauli (rechts) zum Altonaer Rathaus (links). Im Vordergrund liegt das Altonaer Elbufer mit der Fischauktionshalle und dem Fischmarkt. Alte und moderne Wohnbebauung umgibt die Kirche in weitem Abstand, im Gegensatz zu früher, als sie umschlossen von dichter Umbauung das Zentrum des alten Altona bildete.

oben: Historischer Grundriß und Aufriß der St. Trinitatiskirche von Kay Dose um 1740. Der kreuzformig angelegte Grundriß ist auf den Altarraum im Chor rechts ausgerichtet, und doch spürt man schon in der Anordnung des Gestühls die Tendenz zum zentralen Kirchenraum im Kreuzungspunkt der Schiffe.

rechte Seite: Die wiederaufgebaute St. Trinitatiskirche mit der außen rekonstruierten Form von Kirchenschiff, Dachreiter und Glockenturm.

Hauptkirche St. Trinitatis Altona

In Sichtweite des Michels, noch vor 130 Jahren durch eine Staatsgrenze von Hamburg getrennt, wurde im damals dänisch regierten Altona 1742/43 ebenfalls eine Hauptkirche erbaut, St. Trinitatis. Die Monogramme der beiden dänischen Könige Christian V. und Christian VI. an den Sandsteinportalen zeigen, welche Bedeutung der großen neuen Hauptkirche in der damals zweitgrößten Stadt des dänischen Reiches nach Kopenhagen beigemessen wurde. Schon seit 1694 stand vor einer älteren Kirche ein neuer Turm. Der Altonaer Zimmermeister Jacob Bläser hatte ihn errichtet und mit einem schön geschwungenen Turmhelm in holländischer Manier bekrönt. Für Altona wurde er zum Wahrzeichen, und natürlich sollte er auch den Hamburger Türmen Konkurrenz machen, um die Bedeutung der benachbarten dänischen Hafenstadt zu dokumentieren. Als die alte Kirche baufällig geworden war, erhielt der Holsteinische Baumeister Kay Dose den Auftrag für den Kirchenneubau. Dose plante die neue große Kirche auf einem kreuzförmigen Grundriß im Anschluß an den Bläserschen Turm. Der Raum war ganz ähnlich wie später St. Michaelis als eigenständiger protestantischer Predigtraum angelegt. Emporen und Logen umfaßten die Gemeinde, die auf die große raumbeherrschende Kanzel ausgerichtet war, während der barocke Hauptaltar vor dem Ostfenster an das Ende des Raumes gerückt war. Zwei sich durchkreuzende, von Außenwand zu Außenwand gespannte Tonnengewölbe überspannten den Innenraum und bildeten im Schnittpunkt der vier Kreuzarme einen Mittelpunkt, über dem sich im äußeren Bild der Kirche der große Dachreiter erhob. Alte Bilder des Innenraumes, von denen es leider nur ganz wenige gibt, lassen die barocke Pracht und den Zusammenklang von Architektur, Plastik, Stuck und Malerei im Sinne des barocken Gesamtkunstwerkes nur ahnen. Von dieser ganzen Pracht blieb nach den Bombennächten im Juli 1943 fast nichts mehr, lediglich die Umfassungswände mit den leeren Fensterhöhlen und der Turmsockel waren ausgeglüht stehengeblieben.

Ein Wiederaufbau schien in den ersten Jahren nach dem Krieg unmöglich zu sein. Der Totalabbruch und die Errichtung einer modernen Kirche wurde diskutiert, doch in den 50er Jahren setzte sich die Überzeugung durch, daß der Traditionsbau der Altonaer Hauptkirche gerettet und, wenn auch in weitgehend moderner Form, wieder errichtet werden sollte. Schließlich war es die Denkmalpflege, die zwar die Wiederherstellung der ursprünglichen Gestalt im äußeren forderte, im Inneren jedoch für eine moderne Lösung plädierte. In diesem Sinne wurde von den Architekten Horst Sandtmann und Friedhelm Grundmann zwischen 1963 und 1969 die Trinitatis-Kirche wieder errichtet. Vom alten Innenraum wurde das weit auskragende Hauptgesims und die Kreuztonne in ihrer Form übernommen. Unter ihrem zentralen Schnittpunkt steht nun im Zentrum des Raumes und nicht mehr fern im Chor ein neuer Altar, dreiseitig umgeben vom Gestühl für die Gemeinde. Die vierte Seite bildet ein Taufrund, und im Chor entwickelt sich hinter einer halbkreisförmigen Emporenbrüstung der Raum für die Sänger, das Orchester und die große neue Orgel. In der Achse zwischen Altar und Orgel wurde das einzige im Raum erhaltene historische Ausstattungsstück, das Kruzifix aus dem Mittelalter, auf einer neu geschaffenen Kreuzsäule errichtet. Diese und die gesamte künstlerische Ausgestaltung stammt von dem Freiburger Bildhauer Peter Dreher. Der Künstler hat sich völlig in die

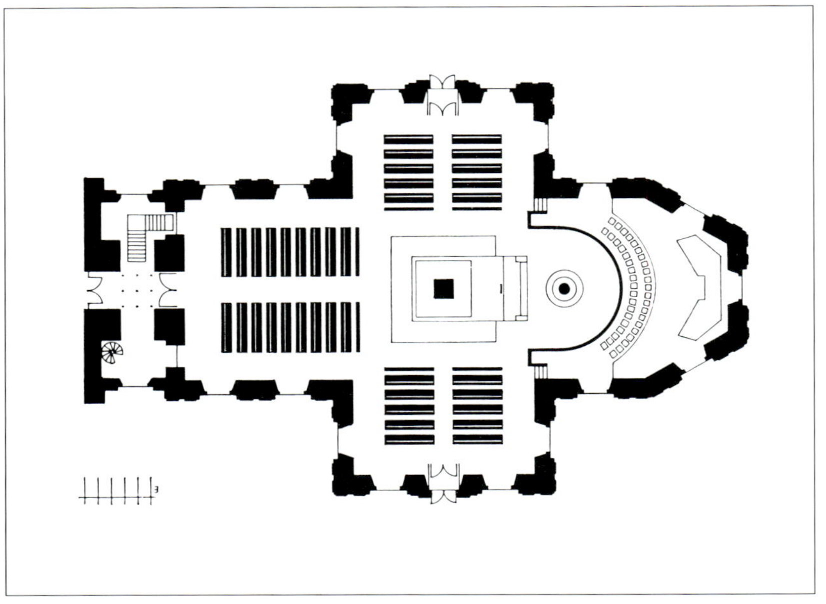

links: Der Grundriß des Wiederaufbaus zeigt den Altar auf einer quadratischen Stufenanlage im Mittelpunkt des kreuzförmigen Raumes. Dreiseitig umgibt ihn das Gemeindegestühl. Auf der vierten Seite rechts ist das Taufrund angeordnet und im Chor, dem früheren Altarraum, ist nun Platz geschaffen für die Kirchenmusik und die neue Orgel am Ostende des Raumes.

links: Von den alten Kunstwerken blieb nur das Holzkruzifix aus dem späten 13.Jahrhundert erhalten. Es steht jetzt auf einer kreuzförmigen Säule in der Mittelachse des Kirchenraumes zwischen Taufe und Chor.

rechte Seite: Der nach dem Wiederaufbau neugestaltete Innenraum der Hauptkirche St.Trinitatis mit Blick über den zentralen Altar und die Kreuzsäule zur Orgel.

HOLSTEN
EDEL
Coca-Cola
FLENSBURGER
PILSENER
36

barocke Gestalt des Baues und die neue Innenraumkonzeption eingefühlt. Die Gestaltung der gesamten künstlerischen Inneneinrichtung und der Farbigkeit zeigen ein Bekenntnis zur Tradition, die mit künstlerischen Mitteln in die Sprache des 20. Jahrhunderts übersetzt wurde. Für die Verbindung von alt und neu erhielt der Wiederaufbau 1970 den Hamburger Architekturpreis als vorbildliches Bauwerk.

Sankt Joseph Große Freiheit

Das dänische Regiment bescherte Altona und im Osten Hamburgs auch Wandsbek Privilegien wie Religions- und Gewerbefreiheit, die den Anreiz zur Ansiedelung gaben und der Stärkung der Wirtschaftskraft gegenüber der großmächtigen Hansestadt dienten. Die Altonaer Grenzstraßen wurden von daher programmatisch „Große und Kleine Freiheit“ benannt. Hier konnten alle konfessionellen Gruppen eigene Gotteshäuser errichten. So entstanden auf der Kleinen Freiheit holländisch und französisch reformierte Kirchen und auf der Großen Freiheit die Mennonitenkirche sowie die römisch-katholische St.-Josephs-Kirche. In der norddeutschen Diaspora holten sich die Katholiken den österreichischen Baumeister Melchior Tatz aus Wien, nach dessen Entwurf zwischen 1718 und 1729 die Kirche errichtet wurde. Die Materialien, roter Backstein für das Mauerwerk und hellgrauer Sandstein für die gliedernden Elemente, sind uns in Norddeutschland vertraut. Die Formensprache allerdings weicht ab von jener im hier üblichen Barock. Die geschwungene Fassade ist reich gegliedert. Ihre vier schneckenförmigen Voluten, die sich über dem Hauptgesims nach innen einrollen, und die konkave Ausmuldung im Mittelteil der Fassade haben ihre Vorbilder in der römischen Barock-Architektur. Als der Baumeister die Kirche um etwa acht Meter hinter die Straßenflucht zurücklegte und einen Vorplatz schuf, konnte er nicht ahnen, daß dieser Hof einmal eine Oase der Ruhe innerhalb des heutigen Betriebes in der Hauptstraße des Rotlichtviertels darstellen würde.

Von der einstigen Pracht blieb nur die Vorderfront erhalten. Die Kirche dahinter wurde 1943/44 zerstört, die Reste nach dem Krieg abgerissen. Hinter der restaurierten Fassade erbaute 1953 bis 1955 Georg Wellhausen eine neue Kirche, in der nur einige strukturelle Elemente des alten Baues aufgenommen wurden. Sonst war der Raum vollständig modern in einer sehr schlichten strengen für die Architektur der 50er Jahre typischen Form. Doch davon ist heute fast nichts mehr zu spüren. In den späten 70er Jahren hat man den Kirchenraum rebarockisiert, mit neubarocken Altären ausgestattet und durch Ausmalung und Stuckelemente eine pseudo-barocke Raumstimmung geschaffen. Wenigstens blieb der schöne Altarblock erhalten, den der Bildhauer Hans Kock für den Kirchenraum der 50er Jahre schuf.

oben: Der rebarockisierte Innenraum mit Blick zum Hauptaltar.

linke Seite: Der schwungvolle Barockgiebel der katholischen St. Josephskirche an der Großen Freiheit mit seinen sich einrollenden Voluten und der kräftigen Plastizität erinnert an römische Barockvorbilder.

Die Kirchspiel-Kirchen

Im 18. Jahrhundert sind eine Reihe von Kirchspiel- und Dorfkirchen in der Umgebung der alten Hansestadt unter Protektion der dänischen Krone, vornehmlich der Könige Christian VI. und VII., entstanden, die wie Variationen zu einem Thema wirken. Ihnen allen ist gemeinsam der Charme und die Leichtigkeit, die Farbigkeit und der Schmuck des Barock, und doch hat jede dieser Kirchen ihren eigenen Charakter. Sie wurden alle als typisch evangelische Predigtkirchen konzipiert, mit

der Kanzel als dem Hauptelement des Raumes. Einige dieser Kirchen sind mit einem Kanzelaltar ausgestattet, einer typisch evangelischen Schöpfung, in der Altar, Kanzel und teilweise, wie in Niendorf, auch noch die Orgel zu einem Dreiklang der Liturgie übereinandergesetzt wurden. Ihre Bauzeit liegt zwischen 1730 und 1770. Die Baumeister stammen aus Schleswig und Holstein, Otto Johann Müller für die Christians-Kirche in Ottensen und für die Nienstedtener Kirche, beide an der Elbchaussee gelegen. Heinrich Schmidt ist der Schöpfer der bezaubernden Niendorfer Kirche, die ihr Vorbild in der Kirche von Rellingen hatte. In Bergstedt finden wir schließlich im Norden von Hamburg und in Alt-Rahlstedt im Osten zwei dörfliche Kirchen auf ehemals holsteinisch-dänischem Boden, die den Kranz der barocken Kirchen nördlich der Elbe um Hamburg schließen.

Auf Alt-Hamburger Stadtgebiet steht eine der beliebtesten ehemaligen Dorfkirchen, St.-Johannis-Eppendorf in landschaftlich wunderschöner Lage am Alsterübergang nach Winterhude. Das Kirchspiel umfaßte im Mittelalter viele Dörfer in der nördlichen Umgebung von Hamburg. Der Turm vor dem Westgiebel ist zwar im 18. Jahrhundert mit Backsteinen ummantelt worden, aber in seinem Kern ein romanischer Feldstein-Rundturm. Die Kirche wurde um 1622 als Fachwerk-Saalkirche errichtet. Zahlreiche Renovierungen haben den Bau zwar verändert, doch auch geholfen, ihn in seinem Grundcharakter zu erhalten. Woran liegt es wohl, daß St. Johannis eine der in der Bevölkerung beliebtesten Kirchen der Stadt ist? Wahrscheinlich an dem liebenswürdig dörflichen Charakter inmitten der über Eppendorf hinaus gewachsenen Großstadt. Die Lage zwischen cityähnlicher Bebauung am Eppendorfer Markt, der Flußlandschaft der Alster, dem urbanen Winterhuder Markt und dem Grün des Stadtparkes – all dieses ist ein Kontrasterlebnis, eine typisch Hamburger Mischung!

Eine andere ehemalige Vorstadtkirche, von der heute nur noch der Turm erhalten ist, versinkt dagegen ganz in der großstädtischen Umgebung, die Dreieinigkeitskirche am Ende der Kirchenallee auf der Ostseite des Hauptbahnhofs. In ihrer Entstehungszeit kurz vor 1750 stand sie auf dem Friedhof des St. Georger Hospitals in dörflicher Nachbarschaft. Der nach dem Schutzheiligen St. Georg benannte Stadtteil entwickelte sich erst, als um 1680 eine vorgeschobene Wallanlage die Ansiedlung in die Festung Hamburg einbezog. Von der barocken St. Georger Kirche des Michel-Baumeisters Johann Leonhard Prey blieb im Bombenhagel von 1943 fast nichts erhalten. Ledig-

oben: Auf dem romantischen Friedhof steht vor dem Südeingang der Christianskirche das klassizistische Grabmal des Dichters Friedrich Gottlieb Klopstock und seiner beiden Frauen. Das kleine Urnengrab im Vordergrund wurde den Kindern aus Altona als Grab des Suppenkaspers gezeigt, wenn sie nicht essen wollten.

linke Seite: Die Christianskirche liegt am Anfang der Elbchaussee gleich hinter dem Altonaer Rathaus. Der Blick zeigt die Nordostseite des saalförmigen Ziegelbaus mit dem großen barocken Mansardendach.

oben: An der Elbchaussee steht die alte Pfarrkirche des früheren Kirchspiels Nienstedten. Bis zum späten 19.Jahrhundert gehörten die Elbvororte von Othmarschen bis Blankenese dazu. Mitte des 18.Jahrhunderts entstand der Bau in einer reinen Fachwerkkonstruktion mit rotgemauerten Ausfachungen und kleinsprossigen hohen Fenstern. Die hölzerne Turmkonstruktion ist mit Kupferblech verkleidet.

rechte Seite:Der saalartige Innenraum der Nienstedtener Kirche ist auf den Kanzelaltar ausgerichtet. Für die in früheren Zeiten großen Gottesdienstbesucherzahlen wurden seitlich und rückwärtig Emporen eingebaut, die den mit einer hölzernen Tonne überwölbten Raum des Mittelschiffs einfassen.

Seite 58/59: Am Niendorfer Marktplatz steht die reizvolle Pfarrkirche, ein protestantischer Zentralbau aus der zweiten Hälfte des 18.Jahrhunderts. Der Friedhof wurde gleichzeitig mit der Kirche angelegt. Auf ihm sind noch zahlreiche barocke Grabsteine zu finden. Bedeutend ist der Kirchenraum mit seiner vollständig erhaltenen barocken Ausstattung.

lich das ausgebrannte Mauerwerk des Turmsockels konnte für einen Wiederaufbau genutzt werden. Das Kirchenschiff dagegen entstand zwischen 1954 und 1957 nach Plänen von Heinz Graaf als moderner schön proportionierter Neubau. Der mit seinem geschwungenen Barockhelm wiederaufgebaute Turm steht im wahrsten Sinne als „Denkmal“ für das alte St. Georg in einer völlig neuen Umgebung. An der Nordwest-Seite der Kirche wurde vor dem Turm 1957 ein bedeutendes modernes Bildwerk errichtet. Hoch auf einem Sockel reitet auf einem abspringenden Pferd der Heilige Georg und stößt seine Lanze in den Leib des unter ihm kriechenden Drachens. Das Bronzestandbild schuf Gerhard Marcks, einer der großen deutschen Bildhauer des 20. Jahrhunderts, der nach 1945 in Hamburg tätig war.

336
233
279
227
227
daß eure Freude voll kommen sei +
336
233
279
227
227

oben: Im Inneren der Bergstedter Kirche ist besonders bemerkenswert die bemalte Holzbalkendecke. Ranken und Inschriften schmücken die Felder zwischen den Balken. Bei einer Renovierung 1952 wurde der Altar aus verschiedenen Teilen neugeschaffen und die Kanzel an die rechte Seitenwand versetzt. Von der Decke herab schwebt ein Taufengel mit der Taufschale in seinen Händen. Der Raum atmet noch immer seine ländliche Atmosphäre.

rechte Seite: Im Zentrum des früher holsteinischen Dorfes Bergstedt steht die evangelische Pfarrkirche, in Teilen als Feldsteinbau aus dem frühen 13.Jahrhundert erhalten. Mitte des 18.Jahrhunderts wurde die Kirche als Mauerwerksbau erneuert und zur Turmseite hin verlängert. Auch der Fachwerkturm mit seiner barocken Pyramidenspitze stammt aus dieser Zeit.

Seite 62/63: Die Alt-Rahlstedter Pfarrkirche hat in vielen Teilen, vor allem im Chor, noch originales mittelalterliches Feldsteinmauerwerk. 1780 wurde der Fachwerkturm erneuert, in der Inneneinrichtung sind einige Teile aus der ersten leider abgebrannten Wandsbeker Christuskirche erhalten.

Die St.Johanniskirche in Eppendorf an der Kellinghusenstraße/ Ludolfstraße steht auf Alt-Hamburger Stadtgebiet und ist als sogenannte Hochzeitskirche eine der beliebtesten Hamburger Kirchen. Im Kern des Turmes vor dem Westgiebel sind noch Reste eines romanischen Feldsteinbaus erhalten. Die Aufnahme von Nordosten zeigt besonders schön die konsequente Fachwerkkonstruktion, die um 1622 entstanden ist. Vielfache Renovierungen haben den Bau in seinem Grundcharakter nicht verändert.

oben: Der Kirchsaal der St.Johanniskirche ist mit seinen großen Fenstern lichtdurchflutet. Die Stützen der hölzernen Dachkonstruktion stehen frei im Raum und tragen die beherrschende halbkreisförmige hölzerne Tonne. Zweiseitig ist eine Empore eingefügt. Die Ausstattung stammt im wesentlichen aus dem 18.Jahrhundert, das Holzkruzifix an der Altarrückwand wurde 1961 von der Gemeinde angeschafft. Die Christusfigur stammt aus dem späten 15. oder frühen 16.Jahrhundert.

rechte Seite: Von der Barockkirche in St.Georg ist nur noch der Turm erhalten. Das Kirchenschiff versank im Bombenhagel des letzten Krieges. Es wurde neben dem wiederaufgebauten und rekonstruierten Turm als schlichter moderner Bau von 1954-57 neu errichtet.

oben: Die St.Pankratiuskirche in Neuenfelde im Alten Land ist ein Beispiel für die Vielgestaltigkeit der Innenräume Hamburger Dorfkirchen in den ländlichen Gebieten an der Elbe. Das Bild zeigt im Mittelpunkt den für evangelische Kirchen des Barock typischen Kanzelaltar, der auch optisch die Bedeutung der Predigt im Gottesdienst zum Ausdruck bringt. Die 1693 entstandenen Logen gehörten dem Erbauer der Kirche, Propst von Finkh, und dem berühmten Orgelbauer Arp Schnitger, dessen einstiges Wohnhaus in Neuenfelde noch erhalten ist.

Hamburgs Dorfkirchen

Auswärtige Besucher sind immer wieder überrascht, daß Hamburg nicht nur eine urbane Großstadt ist, sondern auch weiträumige Landgebiete mit in ihrem bäuerlichen Charakter erhaltenen Dörfern besitzt. Im Westen elbabwärts liegt im Stromspaltungsgebiet zwischen Elbe und alter und neuer Süderelbe das „Alte Land" mit den Dörfern Francop, Neuenfelde und Cranz. Hinter den schon im Mittelalter entstandenen und später immer wieder veränderten und aufgehöhten Deichen erstreckt sich ein weites fruchtbares Land mit tausenden von Obstbäumen. So ist den Hamburgern das Alte Land vor allem bekannt als Ausflugsziel während der Kirschblüte. Aber auch die Orgelfreunde finden ein berühmtes Ziel, die St.-Pankratius-Kirche in Neuenfelde. Hier schuf der größte Orgelbauer des norddeutschen Barock, Arp Schnitger, ein Orgelwerk, hier lebte und arbeitete er, bis er 1719 starb und in der Kirche bei seiner Orgel begraben wurde. Mit ihrer gesamten Einrichtung ist St. Pankratius ein wundervolles Beispiel für den Reichtum und die Vielgestaltigkeit der Innenräume Hamburger Dorfkirchen in den ländlichen Gebieten an der Elbe. Die Neuenfelder Kirche wurde 1682 bis 1687 erbaut. Ihre gewölbte Holzdecke stellt einen mit Putten und Engeln bevölkertern Himmel dar. Man schaut durch ein illusionistisch gemaltes Balustradengeländer in diese bewölkte himmlische Landschaft empor. Der Aufbau von Altar, Kanzel und Empore zeigt den für evangelische Kirchen typischen Kanzelaltar.

Die flächenmäßig größere dörfliche Kulturlandschaft Hamburgs liegt im Osten der Stadt, im ehemaligen Urstromtal der Elbe. Ihr Hauptort ist

Bergedorf, eine Hamburger Vorstadt am Abhang der Geest, zwischen Marsch und Hochland gelegen. Schon 1275 erhielt Bergedorf das Stadtrecht, 1420 wurde es gemeinsamer Besitz der beiden Hansestädte Hamburg und Lübeck, und seit 1868 gehört Bergedorf allein zu Hamburg. Zwischen Bergedorf und dem südlich verlaufenden breiten Elbstrom hat sich eine fruchtbare Marschlandschaft gebildet, die von zwei alten stillgelegten Elbarmen durchflossen wird, der Dove („taube") Elbe und südlich davon der Gose („flache") Elbe. Die Elbe und ihre Nebenarme wurden schon im Mittelalter eingedeicht. Es entstand das bäuerliche Land der Vier- und Marschlande. Zu den Marschlanden gehören die Dörfer Moorfleet, Billwerder, Kirchwerder und Ochsenwerder. Die Vierlande haben, wie schon der Name sagt, vier Dörfer mit Allermöhe, Curslack, Neuengamme und Altengamme. An den Deichen ziehen sich in vielen Windungen die Straßen entlang, an denen sich große Bauernhäuser und kleine Katen aneinander reihen. Dahinter sind in den weiten Feldern hunderttausende von Quadratmetern mit gläsernen Gewächshäusern überdeckt, in denen Blumen gezüchtet werden. Auf den Feldern gedeiht vielfältiges Gemüse, mit dem seit Jahrhunderten die Hamburger Märkte versorgt werden. Es ist ein fruchtbares Land, und es war schon immer ein verhältnismäßig reiches Land. Den Dörfern blieb das Schicksal der Zerstörungskatastrophe im Krieg erspart. Daher ist auch innerhalb des Hamburger Denkmalbestandes die Liste der unter Schutz stehenden Bauernhäuser und Kirchen hier besonders groß.

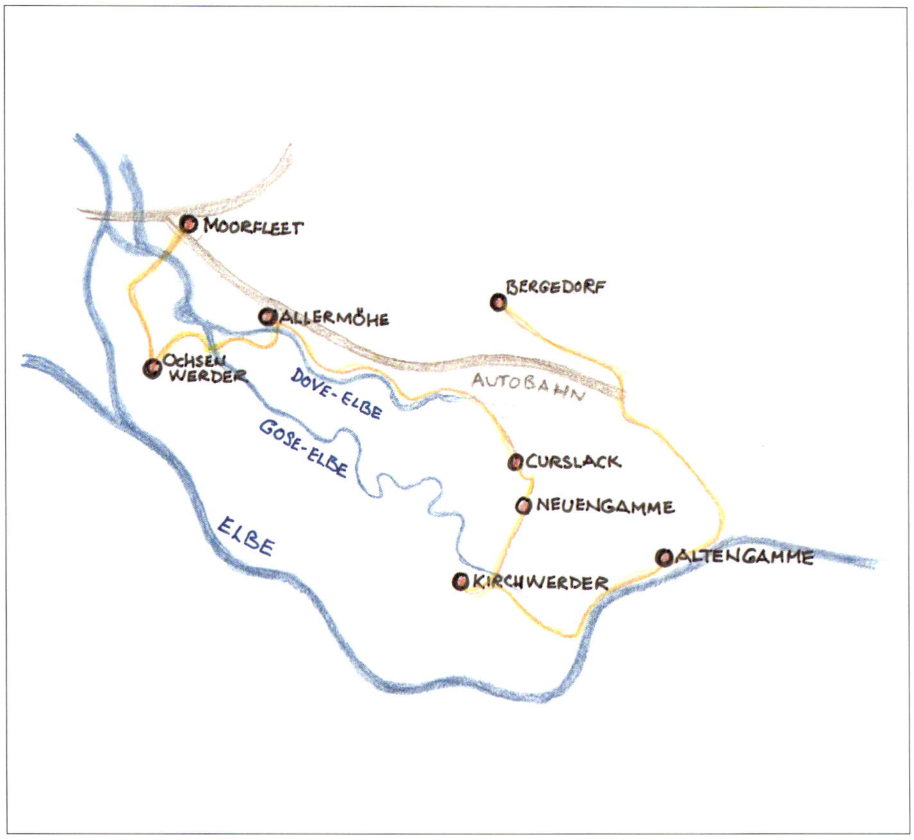

Eine Rundfahrt zu den Kirchen der Vier- und Marschlande ist nicht nur ein kunst- und architekturhistorisches, sondern auch ein landschaftliches Erlebnis. Bergedorf ist der zentrale Ort der Region. Wir beginnen die Fahrt in Moorfleet bei St.-Nikolai, überqueren die Dove-Elbe nach Ochsenwerder zu St. Pankratius hin, fahren über die Gose-Elbe nach Allermöhe zur Dreieinigkeitskirche. Auf dem Deich der Dove-Elbe geht der Weg nach Curslack zu St.-Johannis. Nach Süden führt die Straße über St.-Johannis-Neuengamme zu St.-Severin in Kirchwerder. Den Abschluß bildet St. Nikolai in Altengamme.

Alle Dörfer der Vier- und Marschlande haben ihr eigenes Kirchspiel. Besiedelt wurde die Marsch seit dem 12. Jahrhundert. Es hat wohl schon damals Kirchen gegeben, aber sie waren klein und sehr einfach, mit den bescheidensten Mitteln erbaut. Man nahm das vorhandene Material von der benachbarten Geest, Feldsteine für die Mauern und Holz für den Dachstuhl. Keine dieser ersten Kirchen ist in ihrem ursprünglichen Aussehen erhalten und auch nicht mehr rekonstruierbar. Doch an einigen Kirchen, so z. B. in Alten- und Neuengamme sowie in Kirchwerder sind im Außenmauerwerk Feldsteinschichtungen noch sichtbar. Doch schon früh wurde erkannt, daß sich dieses schwere Baumaterial auf dem wenig tragfähigen Marschenboden nicht bewährte. So ist man bei den Neubauten schon im späten Mittelalter zum Ziegelmauerwerk und schließlich zur leichteren Konstruktion mit hölzernem Fachwerk übergegangen. Der Fachwerkbau mit seinen tragenden Holzstützen und aussteifenden waagerechten Riegeln ist leicht von Gewicht und vor allem elastisch, er kann Bodensetzungen und Bewegungen aufnehmen. Dann wird der Bau zwar etwas schief und krumm, aber er stürzt nicht ein. Die Füllungen zwischen den Hölzern wurden mit roten Backsteinen ausgemauert, die Hölzer des Fachwerks kontrastreich dazu weiß gestrichen. So entstand das uns vertraute und auf den ersten Blick recht einheitlich erscheinende Bild der Dorfkirchen des 17. und 18. Jahrhunderts. Es sind Bauten, die von ortsansässigen Handwerkern errichtet wurden und sich aus der dörflichen Wohnhausbauweise entwickelt haben. Sie sind

hervorgehoben durch ihre Dimension, durch die hohen Dächer, betont durch ihre Glockentürme, aber eingebunden in den ländlichen Charakter des ganzen Dorfes. Natürlich sind auch die Fenster größer, zum Teil mit Rundbögen überwölbt und mit weiß gestrichenen Rahmen und Sprossen bleiverglast. Die Vierländer Kirchen haben zusätzlich kleine Seitenanbauten, die sogenannten Brauthäuser. Von ihnen aus führte der Brautvater die Braut bei der Hochzeitszeremonie dem Bräutigam am Altar zu. Die meist hölzernen Glockentürme, mit Brettern von außen verschalt, stehen in einigem Abstand neben den Kirchenschiffen. Im flachen Marschengebiet schlug der Blitz oft ein, und da es wenig hohe Bäume gab, dienten die Kirchturmspitzen als Blitzableiter.

Die ganze Pracht bäuerlichen Reichtums wird erst in der Innenausstattung der Kirchen sichtbar. Die Räume selbst sind zwar einfache rechteckige Säle mit seitlichen und rückwärtigen Emporen. Doch bei der Ausstattung haben die benachbarten Kirchengemeinden offensichtlich miteinander gewetteifert, wer die schönsten Altäre, Kanzeln, Orgeln, Gestühle und Ausmalungen hätte. Höhepunkte der farbig gefaßten Holzschnitzkunst der deutschen Spätrenaissance stellen die Altäre und Kanzeln von Hein Baxmann und seiner Werkstatt dar. Die Altäre in Ochsenwerder und Allermöhe und die Kanzel in Moorfleet sind noch gut erhalten und verblüffen durch ihre ungewöhnlich intensive und metallische Farbigkeit. Ganz im Stil des Barock sind dann die Orgeln mit ihren reich geschmückten Schauseiten, den Orgelprospekten gehalten. In Ochsenwerder und Kirchwerder findet man Werke, an denen Arp Schnitger gearbeitet hat. Barock sind auch die Decken-

linke Seite: Die St.-Petri-und-Pauli-Kirche in Bergedorf entstand um 1500 in Fachwerkbauweise und wurde 1590 nach Westen verlängert. Anschließend setzte man den Turm mit einer kupferverkleideten Holzkonstruktion und norddeutscher Spitzpyramide vor die Westseite des Kirchenschiffes.

oben: Der Innenraum der Bergedorfer Kirche wird durch seine reiche barocke Ausstattung bestimmt. Links neben dem Altar von 1662 steht das sogenannte „Landherrengestühl", das mit dem Hamburger Staatswappen verziert ist. An der rechten Seite ist die Kanzel von 1586 im Stil der Renaissance angebracht, gekrönt von dem Schalldeckel aus dem Jahre 1602.

Seite 72: Relief an der Vorderseite der Kanzel von St.Nikolai in Moorfleet, dargestellt ist die Weihnachtsgeschichte, geschnitzt und farbig gefaßt von Hein Baxmann, 1621-22.

Seite 73: Über dem Hauptportal der Moorfleeter Kirche steht auf einer Konsole die barocke Figur des auferstandenen Christus. Auf der Schrifttafel darunter wird das Erbauungsjahr der Kirche mit 1680 angegeben.

GLOR
IN EXCELSIS DEO

ANNO 1680 IST DIESE KIRCHE ERBAWET.
ALS H. DIETERICH LANGERMAN. LTg.
H. VINCENT: RUMPF. LTg. LANDHERREN.
H. BENEDICTus CHRISTIANUS HARLOF. PASTOR
HEIN VON HACHTEN. HENNING MOENCK
EGGERT MOLLER. KIRCHESGESCHWOREN
GEWESEN.

Der Innenraum der Pfarrkirche St. Nikolai in Moorfleet von der Empore aus gesehen zeigt die besonders kostbare Ausstattung mit Kanzel und seitlichem Gestühl im Altarraum von Hein Baxmann, den Barockaltar und den Taufdeckel von Valentin Preuß von 1688 und zwei schöne Messingkronleuchter aus dem mittleren 17.Jahrhundert.

oben: Aus dem Baxmann-Altar ist unter dem Thema Passahmahl im Hintergrund eine ideale, an die Antike erinnernde Renaissancearchitektur in perspektivischer Darstellung erkennbar. Das Bild zeigt die ungewöhnliche intensive metallische Farbigkeit der Baxmann-Kunstwerke.

rechte Seite: In der St.Pankratiuskirche in Ochsenwerder steht einer der schönsten Altäre von Hein Baxmann, den er 1632 gemeinsam mit seinem Sohn Peter schuf. Im Mittelfeld ist die Kreuzigungsgruppe mit Maria, Johannes, Maria Magdalena und dem römischen Hauptmann zu Pferde dargestellt. Im Hintergrund ist das himmlische Jerusalem, wie man es sich zur Zeit der Renaissance vorstellte, zu sehen. Die vier Seitenfelder links haben als Themen von oben nach unten das Paradies mit dem Sündenfall, die Vertreibung aus dem Paradies, die Opferung Isaaks und das Passahmahl. Auf der rechten Seite sind Themen des neuen Testaments zu sehen. Von oben nach unten: die Verkündigung, die Anbetung, die Beschneidung und das Abendmahl.

Seite 78/79: Die Dreieinigkeitskirche in Allermöhe von der Südostseite. Der Fachwerkbau entstand kurz nach 1600, charakteristisch ist er durch seinen großen geschwungenen Dachüberstand aus der Barockzeit.

ausmalungen und Gemälde in den Feldern der Emporenbrüstungen. Mit diesem malerischen Schmuck wurden Geschehnisse der Bibel und Szenen aus dem Leben der Heiligen dargestellt.

Eine regionale Besonderheit höchster Kunstfertigkeit sind die sogenannten Holzintarsien, Einlegearbeiten aus verschiedenfarbigen Hölzern, die an den Wangen und Türen der Kirchenbänke angebracht wurden. Es gibt kaum eine deutsche Landschaft, in der diese Kunst zu solcher Blüte gelangt ist. Nur aus Naturhölzern, ohne Verwendung von Farbe, wurden erstaunlich lebendige Bilder geschaffen. Vor allem wurden stilisierte Blumen, Blüten und Ranken dargestellt, die deutlich zeigen, daß die Vierländer ständigen Umgang mit der Natur hatten. Die Holzarbeiten werden fast übertroffen durch die Kunstfertigkeit der Schmiede. Damit die Männer in der Kirche ihre Hüte aufhängen können, wurden auf den Endwangen des Männergestühls schmiedeeiserne Hutständer aufgeschraubt. Es sind Gebilde von außerordentlicher Phantasie, wiederum Zweige und Blüten, aber auch Tiere und Wappenschilde, aus Eisen geschmiedet und farbig gefaßt. Die üppigsten Beispiele sind in der Kirche in Altengamme zu sehen.

Untrennbar zur dörflichen Kultur gehören die gepflegten Friedhöfe, welche die Kirchen umgeben. Trauergottesdienste und Beerdigungen füllen die Dorfkirchen wie sonst kein Ereignis. Schon immer wurde ein großer Aufwand für die Herstellung kostbarer großer Grabplatten getrieben. Die prächtigsten Familienbegräbnisse entstanden im 17. Jahrhundert. Auf Sandsteindeckplatten von bis zu 1,5 mal 2,5 Metern Größe wurden Szenen aus der Bibel, von der Auferstehung oder dem Jüngsten Gericht im Relief dargestellt, ergänzt durch die Bildnisse der Verstorbenen mit ihren Wappen. Die besterhaltenen Beispiele sind an der Mauer des Friedhofs von Kirchwerder und im Brauthaus zu sehen.

oben: Die St.Johanniskirche in Curslack, in malerischer Lage am Deich gelegen, stammt von 1599-1602. Durch zwei seitliche Anbauten wurde sie nach 1800 zu einem kreuzförmigen Bau. Der hölzerne Kirchturm steht mit Abstand neben der Kirche, sein geschweifter Turmhelm beherrscht das Landschaftsbild an der Dove-Elbe inmitten von Gemüsefeldern, Gewächshäusern und Blumengärten.

linke Seite: Für die Allermöher Kirche schuf Hein Baxmann 1614 seinen ersten Renaissancealtar. Auch hier steht die Kreuzigung im Mittelpunkt des Bildzyklus, begleitet von seitlichen Feldern mit Themen aus der Bibel.

rechts: Der saalartige Innenraum der St.Johanniskirche in Neuengamme. Der fünfseitige Chor stammt noch aus dem 14.Jahrhundert. Den modernen Altar schuf Klaus-Jürgen Luckey. Am Gestühl sind Wangen und Türen mit reichen Intarsienarbeiten, zum Teil aus dem 17.Jahrhundert, zu sehen.

oben: St.Severin in Kirchwerder stammt von 1785-91. Die Kirche wird umgeben von einem großen Dorffriedhof.

links: Auf dem Friedhof von Kirchwerder steht der umfangreichste Bestand großer und wertvoller Grabplatten aus dem 16.-19.Jahrhundert in Hamburg. Die Natursteinplatten, meist aus Sandstein, enthalten Reliefs zu Themen von Tod und Auferstehung. Oft schmücken außer der Beschriftung die Familien- und Hauswappen der Verstorbenen die Grabplatten.

rechts: Im Innenraum der Pfarrkirche St. Nikolai in Altengamme steht im Zentrum des Langhauses ein Bronzetaufbecken vom Ende des 14.Jahrhunderts. Der turmartige Taufdeckel darüber ist wie die weitere Ausstattung in reichem bäuerlichem Barock geschnitzt und farbig gefaßt.

PUTEARKEN
CLAUS
JESAJA 43 VERS1
FUERCHTE DICH NICHT

oben: St. Nikolai in Altengamme wurde schon im 13. Jahrhundert errichtet, die heutige Kirche stammt im wesentlichen aus der Mitte des 18. Jahrhunderts. Das hölzerne Gewölbe über dem saalartigen Kirchenraum ist als blauer Sternenhimmel ausgemalt. Der Barockaltar wird von Emporen eingefaßt, auf der rechten Seite befindet sich hinter der Barockkanzel eine evangelische Beichtkammer.

links: Kunstvoll sind die Arbeiten der Dorfschmiede für die Hutständer am Männergestühl. Die Verzierungen zeigen Blumen, Blüten, Herzen, Wappen und ähnliches.

rechts: Das kostbare Intarsiengestühl stammt zum Teil aus dem 17. Jahrhundert. Die Tradition der kunstvollen Intarsientischlerei wurde bis in das 19. und frühe 20. Jahrhundert fortgesetzt. Auf der Männerseite sind auf den Gestühlswangen schmiedeeiserne Ständer angebracht, um während des Kirchganges die Hüte aufzuhängen.

Die Kirchen des Klassizismus

linke Seite: Das Schimmelmann-Mausoleum in Wandsbek von außen. Davor noch die Reste des alten Wandsbeker Friedhofs mit dem Grab von Matthias Claudius.

oben: Die Gewölbe zeigen die wundervolle klassizistische Stuckarbeit von Francesco Antonio Tadei.

Als im Jahre 1786 Sonnins St.-Michaelis-Turm Hamburg überragte, war er das weithin sichtbare Zeichen für den Beginn einer neuen Stilepoche. Seine klaren geometrischen Formen dokumentierten die Überwindung des in seiner Spätzeit als schwülstig empfundenen Barock. Die klare, an die Formen der Antike erinnernde Umrißlinie war für die damalige Zeit modern und setzte sich deutlich ab von den mittelalterlichen Spitzhelmen und den geschwungenen Kirchtürmen des Barock. Die neue Architekturströmung des Klassizismus vertraten nach Sonnin zwei junge Architekten, in Altona der Däne Christian Frederik Hansen und in Hamburg Johann August Arens. Der bedeutendste Kirchenbau von Arens, die klassizistische Christus-Kirche am Wandsbeker Markt, steht leider nicht mehr. An ihrer Stelle wurde nach einem Brand eine neugotische Kirche errichtet.

Aus der Zeit um 1800 blieb jedoch einer der schönsten Bauten von Wandsbek neben der Kirche erhalten, das Mausoleum der Familie des Grafen Schimmelmann. Der klassizistische Baumeister Carl Gottlob Horn benutzte als Vorlage einen Plan von Antolini, einem römischen Baumeister, und arbeitete bei dem Bauwerk mit einem ebenfalls aus dem Süden stammenden Künstler, Francesco Antonio Tadei, zusam-

rechte Seite: Die St. Paulikirche am Pinnasberg von Südosten aus gesehen. Gut zu erkennen ist das klassizistische Kirchenschiff und der neugotische Turm.

oben: Der Innenraum der St.Paulikirche. Der saalartige Kirchenraum ist auf den Kanzelaltar ausgerichtet. Auch die Besucher auf den Emporen haben durch die hochstehende Kanzel einen guten Blick auf den Prediger. Der Raum atmet Lichte und Weite des Klassizismus.

men. Das Bauwerk ist in der klaren geometrischen Sprache des frühen Klassizismus aus einem quadratischen Kubus entwickelt, auf dem eine Kuppel ruht, eine Erinnerung an das Pantheon, den größten Vorbildbau aus dem antiken Rom. Von innen ruht die Kuppel auf vier dorischen Ecksäulen. Mit ihrer wunderschönen Stuckdekoration und zarten Farbigkeit wölbt sie sich über den Sarkophagen des Grafen Heinrich Carl von Schimmelmann und seiner Frau Caroline. Vor dem Mausoleum sind noch Reste des alten Wandsbeker Friedhofs erhalten, leider arg ins Abseits geraten hinter der hässlichen Nachkriegsbebauung am Wandsbeker Markt. An die damalige kulturelle und literarische Bedeutung Wandsbeks erinnern die schlichten gußeisernen Grabkreuze des Dichters Matthias Claudius, des „Wandsbecker Boten“, und seiner Frau Rebecca.

Der Aufbruch Hamburgs in die neue Zeit wurde jäh unterbrochen durch die Besetzung im Jahre 1806, als französische Truppen die wehrlose und zwischenzeitlich entfestigte Stadt überfielen. Damit begann die schwere Franzosenzeit, die erst 1814 mit der Abdankung Napoleons und dem Abzug der Besatzung endete. Die Folgen waren katastrophal. Die Stadt war ausgebeutet und finanziell erschöpft. Aufklärung und Rationalismus führten zur Entkirchlichung, eine Nachwirkung der französischen Revolution und ihrer Säkularisierungswut. So war weder Geld noch Enthusiasmus vorhanden, um die be-

schädigten mittelalterlichen Kirchen und Klöster zu erhalten. Bis auf die vier Hauptkirchen wurden in der ersten Hälfte des 19. Jahrhunderts alle anderen mittelalterlichen kirchlichen Bauwerke beseitigt.

Erst in den 20er Jahren begann sich die Bautätigkeit wieder zu regen. So wie damals der etwa gleichaltrige, doch weitaus berühmtere Berliner Architekt Karl Friedrich Schinkel oberster Baubeamter Preußens war, wurde Carl Ludwig Wimmel der erste Hamburger Baudirektor. Von ihm stammen das neue Stadttheater am Kalkhof, die Prachtstraße Esplanade und das Johanneum anstelle des abgebrochenen Domes. Er war einer der Begründer jener Stilform, die um 1840 als romantischer Historismus bezeichnet wird und die nach dem Brand von 1842 ein spezifisch hamburgisches Stadtbild prägen sollte. Ein früher Bau von Wimmel war die Pfarrkirche St. Pauli am Pinnasberg, 1819/20 als Ersatzbau für eine sechs Jahre früher von den Franzosen niedergebrannte erste St.-Pauli-Kirche entstanden. Von außen erscheint die Kirche als schlichter, streng gegliederter Backsteinbau. Im Inneren steht man in einem lichten, von einer geschwungenen Empore umgebenen Kirchsaal, der auf die Altarnische mit einem Kanzelaltar ausgerichtet ist. Altar und Kanzel sind übereinander angeordnet. Die hohe Stellung der Kanzel ermöglicht den Blickkontakt zwischen Prediger und Gemeinde auch auf der Empore. Ausmalung und Dekor entsprechen dem antikisierenden Zeitgeschmack des Klassizismus. Während des Baues geriet die Gemeinde in Geldnöte, so daß der von Wimmel entworfene klassizistische Turm nicht zur Ausführung kam. Es dauerte bis 1864, daß die Kirche schließlich einen neugotischen Turm mit einer Pyramidenspitze erhielt.

Die dritte klassizistische Kirche steht auf der Elbinsel Altenwerder. Bis vor einigen Jahren lag sie inmitten einer blühenden Gemeinde, von der sie heute das letzte stehengebliebene Bauwerk ist. Das schon im Mittelalter entstandene Dorf, ehemals zum Königreich Hannover gehörig, seit 1866 preußisch und seit 1937 hamburgisch, existiert nicht mehr. Seine Bewohner wurden umgesiedelt, die Häuser abgerissen als Folge der seit 1961 geplanten Hafenerweiterung. Das gesamte Gebiet von Altenwerder soll um mehrere Meter hoch aufgespült werden. Nur die Kirche und der noch heute benutzte Friedhof werden in einigen Jahren, in einer Grube vertieft gelegen, die einzige Erinnerung an Altenwerder sein. Das Baujahr für das Kirchenschiff ist mit 1830 datiert. 1895 kam ein neugotischer Turm hinzu. Der Baumeister des klassizistischen Baues ist nicht bekannt. Die schön gegliederte Backsteinfassade mit ihren hohen Halbrund-Fenstern hat große architektonische Qualität. Auch der Innenraum, typisch klassizistisch als Saalbau, mit einer umlaufenden Empore und Kanzelaltar, ähnlich wie die St.-Pauli-Kirche gestaltet, beweist, daß es sich um einen sehr guten Baumeister gehandelt haben muß. Auch hier denkt man an Wimmel. Heute liegt die Altenwerder Kirche wie auf einer Insel inmitten eines sich wild entwickelnden Biotops, einem Paradies für Pflanzen und Tiere.

links: Die Kirche des ehemaligen Elbdorfes Altenwerder von der Nordseite. Der klassizistische Saalbau wird von dem später errichteten, neugotischen Turm überragt, weithin sichtbares letztes Zeichen des zerstörten Dorfes.

oben: Der Innenraum der Altenwerder Kirche atmet denselben Geist wie der Raum der St.Paulikirche. Auch hier ist die Kanzel über dem Altar so angeordnet, daß sowohl vom Gemeindegestühl im unteren Raum als auch von den Emporen der Prediger gesehen und gehört werden kann.

oben: *Luftbild aus der Vorkriegszeit auf die St.Nikolaikirche mit dem davorliegenden Hopfenmarkt. Die gewaltige Größe dieses bedeutenden neugotischen Bauwerks im Verhältnis zur umgebenden Bebauung ist gut zu erkennen. Im Hintergrund rechts: der Turm der St.Petrikirche, in der rechten oberen Ecke: der Turm von St.Jacobi in seiner Form aus dem 19. Jahrhundert. Links sind über dem Rathaus die Binnenalster, die Lombardsbrücke und die Außenalster zu erkennen.*

linke Seite: Blick von Südwesten auf die frühere Friedhofskapelle, die jetzige Osterkirche im Jacobipark an der Wandsbeker Chaussee.

Neugotische Kirchen

Das für die Hamburger Stadtentwicklung einschneidendste Ereignis des 19. Jahrhunderts war der große Stadtbrand von 1842. Als die Hauptkirche St. Nikolai durch das Feuer zerstört wurde, entschloß man sich für den Abbruch der Ruine und einen Neubau der Kirche. In einem Wettbewerb erhielt zwar der aus Altona stammende Architekt Gottfried Semper den 1. Preis, doch der Auftrag ging an den englischen Baumeister Gilbert Scott. Semper hatte eine zentrale protestantische Predigtkirche im modernen Rundbogenstil entworfen, wohingegen Scotts Entwurf die mittelalterliche Formensprache gotischer Kathedralen, wie etwa des Kölner Domes, nachahmte.

In enger Beziehung zum Bau der St.-Nikolai-Kirche steht die heutige Osterkirche im Jacobi-Park an der Wandsbeker Chaussee. Hier war 1848 ein neuer außerstädtischer Friedhof der Hauptkirche St. Jacobi angelegt worden. Auf ihm errichtete der englische Baumeister Isaiah Wood 1863/64 nach einem Entwurf von Alexis de Chateauneuf eine Friedhofskapelle. Wood leitete damals für seinen Landsmann Gilbert Scott den Neubau der St.-Nikolai-Kirche. Für St. Jacobi hat er den Südeingang an der Steinstraße entworfen. Die Friedhofskapelle atmet mit ihren zarten Sandsteinverzierungen noch ganz den Geist der frühen romantischen Neugotik. 1962 wurde sie nach Beseitigung der Kriegsschäden und Restaurierung durch die Architekten Hopp und Jäger als Osterkirche der neu gegründeten Eilbeker Gemeinde übereignet.

Für den Kirchenbau in der zweiten Hälfte des 19. Jahrhunderts hatte die nationale Bewegung zur Vollendung des Baues der größten gotischen Kirche in Deutschland, des Kölner Domes, höchste Bedeutung. Als 1874 St. Nikolai mit der Fertigstellung des Turmes vollendet war, begann in Hamburg eine gewaltige Kirchenbaubewegung als Folge der Bevölkerungsexplosion und der dadurch notwendigen

oben: Die neugotische St.Johanniskirche in Altona an der Max-Brauer-Allee/Bei der Johanniskirche enstand von 1868-72 nach Plänen von Johannes Otzen.

rechts: Eine zweite Kirche von Otzen steht ebenfalls in Altona an der Schillerstraße, die St.Petrikirche, 1880-93 erbaut. Das Bild von Südosten zeigt das hohe Mittelschiff mit dem angesetzten niedrigeren Chor. Ungewöhnlich ist die Lösung des Turmes: auf einem breiten Westwerksunterbau sind zwei Turmspitzen nebeneinander aufgesetzt worden.

Erweiterung der Stadt durch einen ersten Ring von Vororten. In der Silvesternacht 1860 war die Torsperre aufgehoben worden. Unverzüglich wuchs die Stadt nach außen. Auch die Einwohnerzahl stieg entsprechend an. Noch um 1880 hatte die von Wällen eingegrenzte Innenstadt rund 125.000 Einwohner. In nur 30 Jahren war Hamburgs Einwohnerzahl 1910 auf fast 700.000 Menschen gestiegen. Sie wurden angesiedelt in den die Altstadt umgebenden Vorstädten wie Eimsbüttel, Eppendorf, Harvestehude, Winterhude, Barmbek, Hamm, Horn, Rothenburgsort. In all diesen Stadtteilen wurden für die neu entstandenen Gemeinden riesige neugotische Kirchen im Geiste des Kölner Dombaus errichtet. Die großen Kirchenschiffe boten Platz für 1.000 und mehr Besucher. Diese gewaltigen Dimensionen hingen mit der Größe der neu gegründeten Kirchspiele zusammen. Man ging davon aus, daß 50.000 „Seelen" eine große Kirche erfordern. Nach der Einweihung der St.-Gertrud-Kirche am Kuhmühlenteich am 28. März 1885 berichtete Senator Mönckeberg, daß fünf große Kirchen während der letzten fünf Jahre in den Vororten Hamburgs neu erbaut und eingeweiht worden sind: *„Man könne zwar mit dem Gefühl der Dankbarkeit auf das Erreichte zurückblicken, es dürfe aber nicht vergessen werden, daß alles, was durch Erbauung neuer Kirchen geschehen sei, kaum genüge, um mit der Zunahme der Bevölkerung Schritt zu halten. Bei dem stetigen Anwachsen der letzteren werde es daher auch fernerhin großer Anstrengungen bedürfen, wenn nicht kirchliche Notstände ernstester Art entstehen sollen."*

Und die entstanden auch, als die Bevölkerung der Stadt explosionsartig anwuchs. In den Vororten Hamburgs lebten um die Jahrhundertwende schon 400.000 Menschen. Bis zum Ersten Weltkrieg stieg die Einwohnerzahl auf eine Dreiviertelmillion. Die Kirche bemühte sich,

mit Gemeindebildungen und Kirchenbauten nachzukommen. Dabei war es ein positives Prinzip, daß Kirchen und Schulen eher fertiggestellt wurden als die zugehörigen Wohnhäuser.

Roter Ziegel und gotische Formen wurden zum Einheitsstil für diese Kirchenbauten. Die Hamburger Architekten, die als Baumeister diese Kirchen entwarfen, hatten in Hannover an der Technischen Hochschule bei dem berühmten Architekturprofessor Conrad Wilhelm Hase studiert. Hase und seine Schüler beherrschten die norddeutsche Kirchen-Architektur so stark, daß man nicht mehr von Gotik, sondern von Hasik sprach. Hases bekanntester Schüler, der vielbeschäftigte Kirchen-Architekt von Hamburg und Altona, war Johannes Otzen, hochberühmt als Kirchenbaumeister und Professor an der Technischen Hochschule in Berlin. Um nur seine wichtigsten Bauten in Altona in der zeitlichen Reihenfolge ihrer Entstehung zu nennen, seien aufgeführt: St. Johannis in Altona an der Max-Brauer-Allee, 1868–1873, St. Petri in Altona an der Schillerstraße, 1881–1883, und die Friedenskirche am Brunnenhof, 1893–1895 erbaut. Auf sie führt die Otzen-Straße zu, eine Huldigung an diesen vielbeschäftigten Kirchenbaumeister.

Zwischen 1882 und 1885 waren gleichzeitig drei der größten neugotischen Kirchen von Otzen im Hamburger Stadtgebiet im Bau: die Christuskirche in Eimsbüttel, die Friedenskirche in Eilbek und die St.-Gertrud-Kirche am Kuhmühlenteich. St. Gertrud ist auch im Innern die mit ihrer ursprünglichen Ausstattung besterhaltene Otzen-Kirche.

Ein weiterer Hase-Schüler war Wilhelm Hauers. Von ihm stammt die zwischen 1880 und 1882 erbaute St.-Johannis-Kirche in Harvestehude am Turmweg. Der Bau ist romantischer, zarter in seiner Ausformung, vielgestaltiger und phantasievoller als die Kirchen von Otzen. Vor allem aber ist die Inneneinrichtung und, nach ihrer Wiederherstellung, die Ausmalung noch originale Neugotik aus den 80er Jahren des vorigen Jahrhunderts. Kurz vor der Jahrhundertwende wurde bis 1894 die Apostel-Kirche in Eimsbüttel gebaut. Ihre Architekten von Melle und Jürgensen haben mit diesem im Grundriß kreuzförmigen Bau einen protestantischen Predigtraum geschaffen, der schon das sogenannte „Wiesbadener Kirchbauprogramm“ von 1891, das von Otzen entwickelt worden war, verwirklicht (siehe auch „Kirchen nach 1945“). Der Bau leitet über zu den Kirchen von Fernando Lorenzen, der ebenfalls als Hase-Schüler neugotisch zu bauen begonnen hatte und dann mit stilistisch eigenständigen Kirchenbauten neue Wege ging. Im Erscheinungsbild waren seine um 1900 entstandenen Kirchen, wie die Kreuzkirche in Ottensen und die Christus-Kirche am Wandsbeker Markt, noch neugotisch. Mit dem Zentralbau der Gnadenkirche von 1906 und später mit der Kreuzkirche in Wandsbek und der Versöhnungskirche im Eilbektal, gelang ihm der Durchbruch zu einer eigenen Formensprache.

Die römisch-katholische Kirche hatte in der Diaspora Hamburg relativ spät Fuß gefaßt. Ihre Hauptkirche, die heutige Bischofskirche in St. Georg, St. Marien in der Danziger Straße, wurde 1890 bis 1893 nach Plänen des Architekten Arnold Güldenpfennig errichtet. Im Gegensatz zu den protestantischen neogotischen Kirchen nimmt sie die romanische Kirchbautradition auf. Bis zum letzten Detail ist der Außenbau ein neoromanisches Zitat frühmittelalterlicher Architektur, während der Innenraum leider durch vielerlei Renovationen verändert worden ist. In Barmbek-Süd schuf der Baumeister Heinrich Beumer an der Elsa-/Weidestraße um 1900 die katholische St.-Sophien-Kirche, die ganz aus dem Geist der westfälischen gotischen Kirchenarchitektur entstanden ist. Sie wurde 1964 bis 1966 um ein modernes Kloster erweitert, von den Architekten Bunsmann, Rau und Scharf in vorbildlicher Verbindung von historistischer und moderner Architektur konzipiert.

linke Seite: Zwischen 1893 und 1895 entstand die Friedenskirche am Brunnenhof zwischen St.Pauli und Altona. Das Bild zeigt den Chor und das Querhaus, darüber die schlank aufragende Turmspitze. Auf die Kirche führt die Otzenstraße zu: eine Huldigung an den damals berühmten, vielbeschäftigten Kirchenbaumeister Johannes Otzen, der zu dieser Zeit schon als Architekturprofessor in Berlin lebte.

Seite 98/99: Die St. Gertrudkirche von Johannes Otzen am Kuhmühlenteich.

Seite 100: Ein ungewohnter Blick auf die malerische architektonische Gruppierung der St. Gertrudkirche von Nordosten.

Seite 101: Der Innenraum von St.Gertrud zeigt noch als einzige der Hamburger Otzenkirchen die originale Einrichtung aus der Zeit um 1890 mit dem Altar, der Kanzel, der Taufe und dem Gestühl. Lediglich die Wandmalereien wurden nicht mehr erneuert, sondern in schlichten grau-weiß-Tönen übergestrichen.

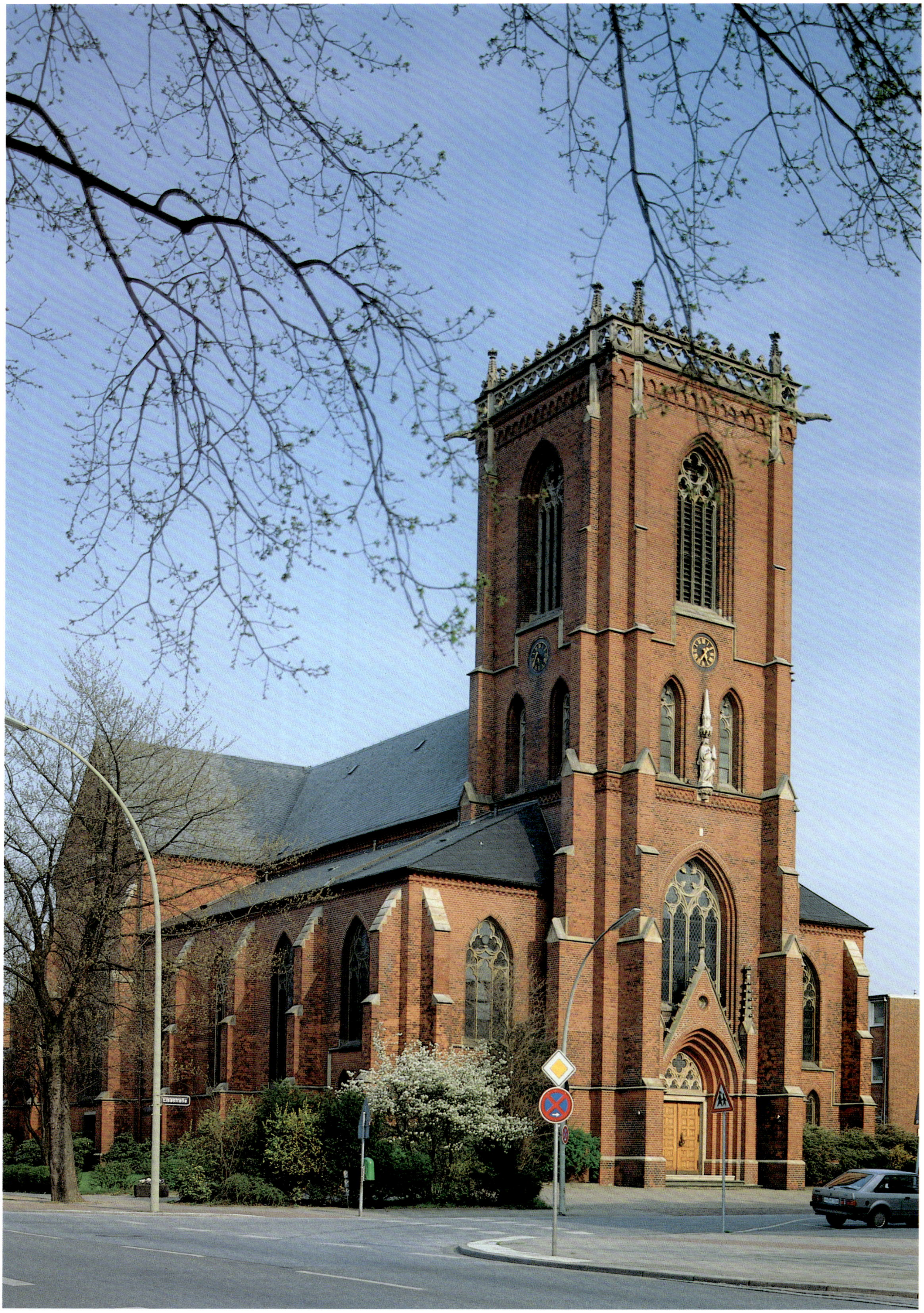

oben: Innenraum der St.Johanniskirche Harvestehude am Turmweg. Der Bau ist ein hervorragendes Beispiel für die phantasievolle Formensprache der Neugotik. Der Architekt Wilhelm Hauers vertrat in Hamburg die „Hannoversche Bauschule". Auch hier ist, wie in der St.Gertrudkirche, die Innenausstattung im wesentlichen original erhalten.

links: Turmfront der katholischen St.Sophienkirche in Barmbek-Süd an der Elsa-/ Weidestraße. Der 1900 fertiggestellte Bau entspricht der Tradition westfälischer gotischer Kirchen.
1964–66 erweiterten die Achitekten Bunsmann, Rau und Scharf die Kirche um ein Kloster. Von den gleichen Architekten stammt die Heiligkreuz-Kirche in Volksdorf und von Bunsmann und Scharf die katholische Akademie, die St.-Jakobus-Kirche in Lurup, die Seemannskapelle am Krayenkamp und im Gelände des ehemaligen Konzentrationslagers Neuengamme das eindrucksvolle und zugleich erschütternde Dokumentenhaus.

rechts: Ausschnitt vom Turm, der mit seiner Silhouette einen Identifikationspunkt für Harvestehude darstellt.

oben: Ein historisches Luftbild von St.Georg mit der katholischen Marienkirche im Zentrum. Wie eng bebaut dieser Stadtteil war und wie sehr man auch die Kirchen in die Bebauung einbezog, ist an diesem alten Photo gut zu erkennen.

rechts: Die Doppelturmfront der St.Marienkirche zur Danziger Straße hin lehnt sich in ihrer Formensprache deutlich an den Bremer Dom an. Darin lag sicher auch ein Programm, war doch der katholische Bischofsbesitz im Mittelalter von Hamburg nach Bremen verlegt worden. Nun ist nach vielen Jahrhunderten Hamburg wieder ausgewählt worden, Sitz eines katholischen Erzbischofs zu werden. So wird St.Marien dann als Bischofskirche so etwas wie ein zweiter Hamburger Dom werden.

oben: Die Gnadenkirche bildet mit ihrem achteckigen Turmhelm über dem Kirchenraum einen markanten Blickpunkt am Ende des Holstenglacis. Architektonisch steht der Bau von 1906-07 am Ende der Neugotik und im Übergang zur Reformarchitektur des frühen 20.Jahrhunderts.

rechte Seite: Der Innenraum der Gnadenkirche nimmt die Tradition des auf den Kanzelaltar ausgerichteten barocken Zentralraumes wieder auf. Über der Kanzel steht die Orgel im Angesicht der Gemeinde. Abendmahl und Verkündigung durch Wort und Musik, Schwerpunkte der Liturgie, werden optisch miteinander verbunden.

Kirchen im frühen 20. Jahrhundert – vom Historismus zur Reformarchitektur

Um die Jahrhundertwende hatte die Nachahmung historischer Stile abgewirtschaftet. Im Kirchenbau empfand man die zur Pflicht gewordene ständige Wiederholung neogotischer roter Backsteinbauten als langweilig und überholt. In den neuen Wohnvierteln der Vorstädte wirkten sie in ihrer Einheitlichkeit fast austauschbar. So entstanden auf allen Gebieten Reformen, mit denen vor allem die jüngeren Künstler gegen die eingefahrenen Gleise der gründerzeitlichen Vätergeneration aufbegehrten. So wie man allgemein von einer Jugendbewegung spricht, bezeichnet man den künstlerischen Aufbruch dieser Zeit als Jugendstil. Seine Vertreter versuchten, mit einer neuen Ornamentik und organischen, naturnahen Formen, zuerst in der Malerei und im Kunsthandwerk, später auch in der Baukunst, einen neuen und bisher noch nicht dagewesenen Stil zu entwickeln. In der evangelischen Theologie regte sich Reformeifer, der auch den Kirchenbau erfaßte. Ein Schlagwort dieser Bewegung lautete „Die Liturgie ist die Bauherrin" (Cornelius Gurlitt). Damit war gemeint, daß Wort und Sakrament mit ihren Orten,der Kanzel, der Taufe und dem Altar, gemeinsam mit dem Gemeindegestühl eine Einheit bilden sollten. So revolutionär das im Jahre 1906 klang, so wenig war es das in Wirklichkeit. Schon im Barockzeitalter hatte sich vielerorts und auch in Hamburg ein eigenständiger protestantischer Kirchenbau entwickelt, mit Zentralraumlösungen wie in den Hauptkirchen St. Michaelis und St. Trinitatis, der Dorfkirche in Niendorf oder in den dörflichen Saalkirchen Hamburgs.

Wenn die Kirchenhistoriker damals also von einer Erneuerung des Kirchenbaues durch die liturgische Bewegung sprachen, nahmen sie eine alte Tradition auf. In vielen evangelischen Kirchen des 17. und 18. Jahrhundert war das alles vorgedacht und großartig gelöst worden. Gottesdiensträume, wie sie die Niendorfer Kirche oder in Hamburgs Nähe die Rellinger Kirche verwirklicht haben, sind fortschrittlicher als die meisten Räume, die im frühen 20. Jahrhundert entstanden.

Im Kirchenbau der ersten Jahre des 20. Jahrhunderts wurde in Hamburg nicht nur nach neuen Innenraumlösungen gesucht, sondern auch nach einer Architektur, die an die regionale norddeutsche Tradition anknüpft, um den Historismus zu überwinden. Damit kommen zwei Tendenzen zur Deckung: die Wiedererweckung barocker Innenraumideale und die schlichten und klaren Formen des norddeutschen Barocks. Der rote Backstein war das heimische Material der meisten Bauten dieser Zeit. Selbst Fachwerkkirchen wurden zwischen den tragenden Hölzern rot ausgemauert. Der Jugendstil mit seinen Putzbauten hatte dagegen wenig Chance. Es gibt in Hamburg auch keine richtige Jugendstilkirche, im Vergleich etwa zu Otto Wagners Wiener St.-Leopoldkirche. Was beim Hamburger Kirchenbau an Jugendstil erinnert, ist eher von Nachklängen norddeutschen Barocks geprägt.

Einige Kirchenbauten des frühen 20. Jahrhunderts sind von romanischen Architekturformen beeinflusst. Zwischen 1906 und 1907 errichtete einer der besten Kirchenbaumeister Hamburgs, Fernando Lorenzen, die Gnadenkirche am Holstenglacis. Sie stellt einen Wendepunkt in seinem Schaffen zwischen Neugotik und Reformarchitektur dar. Mit diesem Bau löste er sich vollständig von seinem Lehrmeister Hase und der Hannoverschen Schule. Schon von außen als Zentralbau erkennbar, von einem großen romanisierenden Turm bekrönt, ist der Innenraum konsequent im Sinne der liturgischen Reformbewegung mit zentraler Ausrichtung auf Kanzel, Altar und Taufe gestaltet.

Ebenfalls an romanische Architektur, jedoch in der Konzeption konventioneller, erinnert die Jerusalem-Kirche der presbyterianischen Gemeinde an der Schäferkampsallee. Ihr Erbauer in den Jahren 1911 und 1912 war einer der Rathaus-Baumeister, Johannes Grotjan. Die romanischen Stilelemente des Außenbaues wurden geistvoll in eine hanseatische Atmosphäre umgesetzt. Im Zusammenhang mit dem benachbarten Jerusalem-Krankenhaus bildet die gesamte Baugruppe einen städtebaulich prägnanten Eckpunkt an einer der Hauptverkehrsadern der Stadt.

Der ständig steigende Bevölkerungszustrom in die Stadterweiterungsgebiete führte dazu, daß die zu groß gewordenen Kirchspiele immer weiter aufgegliedert werden mußten. So wurde z. B. das alte Eppendorfer Kirchspiel St. Johannis in vier Gemeinden untergliedert; im Westen entstand die Gemeinde St.-Markus-Hoheluft, im Norden St.-Lukas-Fuhlsbüttel und im Osten St.-Matthäus-Winterhude. Einer der führenden Kirchenbaumeister war Julius Faulwasser. Er wurde vor allem bekannt durch den Wiederaubau der Hauptkirche St. Michaelis, den er nach 1906 gemeinsam mit den Architekten Geißler und Meerwein leitete. Faulwasser hatte die alte Eppendorfer Kirche früher schon restauriert und erhielt nun den Auftrag für den Bau der neuen Matthäus-Kirche in Winterhude am Krohnskamp. Gleichzeitig baute er

oben: Die presbyterianische Jerusalem-Kirche steht im Zusammenhang mit dem gleichnamigen Krankenhaus. An der Schäferkampsallee bildet sie einen weithin sichtbaren städtebaulichen Blickpunkt.

linke Seite: Der „Michel-Baumeister“ Julius Faulwasser spielte in der Reformbewegung sowohl für die Liturgie als auch für die Architektur Anfang des 20.Jahrhunderts eine bedeutende Rolle. Auf beiden Gebieten knüpfte er an die norddeutsche Barocktradition an. Besonders eindrucksvoll sind seine Neubauten der Matthäus-Kirche am Krohnskamp und der hier abgebildeten Luther-Kirche in Bahrenfeld.

zwischen 1909 und 1910 in Bahrenfeld die Luther-Kirche. Durch die Arbeit an der barocken Michaelis-Kirche war er stilistisch stark beeinflußt. Seine Neubaukirchen führen barocke Traditionen weiter, nicht nur im Äußeren mit den Rundbogenfenstern, Barockgesimsen, und geschwungenen Kirchtürmen, sondern auch in den Innenräumen mit ihrer neobarocken Gestaltung. Ähnlich wie im Michel umfassen den Gemeinderaum dreiseitig angeordnete Emporen.

Barockisierende Tendenzen zeigt auch die im damals schleswig-holsteinischen Bramfeld gelegene Osterkirche, 1913/14 von dem holsteinischen Architekten Wilhelm Voigt erbaut. Leider ist der sehr schöne Zentralraum nach dem Krieg in der Innenausstattung stark verändert worden. Dieser evangelische Kirchentyp verwirklicht ebenso die liturgische Reformbewegung wie die architektonischen Bestrebungen, den Historismus durch eine bodenständige Heimatstil-Architektur endgültig zu überwinden.

Ganz anders reagierte die katholische Kirche mit ihren bis dahin wenigen Bauten in Hamburg und Umgebung. So wie im 18. Jahrhundert die St.-Josephs-Kirche in der Großen Freiheit ein österreichisch-römischer Architektur-Import war, so wirkt auch die 1913 errichtete katholische St.-Franz-Joseph-Kirche in Harburg an der Winsener Straße. Man fühlt sich nach Süddeutschland versetzt, wenn man den in warmen lichten Tönen gestrichenen Putzbau sieht, dessen barockgeschwungene Fassade mit Pilastern und ionischen Kapitellen geschmückt ist. Die Kirche soll bewußt einen solchen südlichen Eindruck erhalten haben, um den aus Österreich angesiedelten Arbeitern der Harburger Gummifabriken ein vertrautes Bild der Heimat zu geben.

oben: Die Bramfelder Osterkirche steht an der städtebaulich markanten Kreuzung Bramfelder Chaussee und Steilshooper Straße. Auch sie überträgt norddeutsche Barockarchitektur in das 20. Jahrhundert.

linke Seite: 1913 wurde an der Winsener Straße in Harburg die katholische St.-Franz-Joseph-Kirche errichtet. Der gelb und ockerfarben gestrichene Putzbau wirkt in der von Industrie und Mietshäusern geprägten Umgebung wie ein Gruß aus der süddeutschen Barocklandschaft.

Nach 1910/11 entwickelten sich die Kirchenbauten zum sogenannten Gemeindezentrum hin, einer Gebäudegruppe, in der die Kirche in Verbindung mit Gemeinderäumen und Wohnungen für kirchliche Mitarbeiter errichtet wurde. In einer gehöftartigen und an norddeutsche Landhäuser erinnernden Anlage erbauten die Architekten Raabe und Wöhlecke die evangelische Flottbeker Kirche an der Groß-Flottbeker Straße. Die Architekten wurden besonders bekannt durch ihre zahlreichen Bauten für die Hamburger Verkehrsbetriebe. So stammen von ihnen der Elbtunnel und die St.-Pauli-Landungsbrücken sowie viele Bahnhöfe von Kellinghusenstraße über Mundsburg, Dehnhaide, Rübenkamp bis weit hinaus in die Walddörfer.

Für die neue Tendenz zum Bau von Gemeindezentren stellt die St.-Stephanus-Kirche in Eimsbüttel ein besonders schönes Beispiel dar. Ihre Erbauer im Jahre 1912 waren die ebenfalls in Hamburg sehr bekannten Architekten Diestel und Grubitz, von denen z. B. das Vorlesungsgebäude der Universität an der Moorweide und das Bühnenhaus der Hamburgischen Staatsoper sowie viele Krankenhausbauten stammen. Die Eck-Situation an der Einmündung der Sartoriusstraße in die Lutterothstraße wird durch den Kirchturm mit seinem steilen Satteldach betont. Der Eingang zwischen Turm und Kirchenschiff führt über eine diagonale Treppenanlage in die Vorhalle. Die eine Straßenfront bildet das Kirchenschiff, die andere das Gemeindehaus mit dem Pfarrhaus. Der Kirchenraum ist als breiter Saal mit angesetzten flachen Seitenschiffen ausgebildet und läßt sich in den

Gemeindesaal hinein erweitern. Die Architektur steht in der Tradition norddeutscher Backsteinbauten im Sinne des Heimatstils. Auch dem Kirchbauchronisten Julius Faulwasser hat die Anlage offensichtlich so gut gefallen, daß er sie in dem Buch „Hamburg und seine Bauten 1914“ besonders lobend erwähnte: „In der Umgebung stehen ansehnliche Häuser, und die neue Kirche fügt sich bestimmend in den gesamten Eindruck dieses Stadtteils ein. Durch ihre Anordnung ergibt die Bauanlage gleichzeitig an allen Seiten künstlerisch wertvolle Einblicke. Der Aufbau zeigt bei schlichtester Formgebung malerische Bilder, die sich durch Unterordnung der Nebenteile zu den Hauptbauteilen steigern.“

Der Erste Weltkrieg unterbrach 1914 diese Entwicklung. Nur noch zwei Kirchen sind während des Krieges begonnen und 1920/21 fertiggestellt worden. Für eine landschaftlich wunderschöne Situation im Eilbektal entwarf Fernando Lorenzen die Versöhnungskirche. Zwischen 1916 und 1921 entstand dieses letzte Werk des bedeutenden und in späteren Jahren fast vergessenen Kirchenbaumeisters. Mit diesem Bauwerk endet sein Weg, der ihn vom Neugotiker bis zum Vertreter der Reformarchitektur geführt hat. Bis zum Expressionismus der Höger-Zeit oder zum Neuen Bauen der 20er Jahre wäre es nur noch ein kurzer Schritt gewesen, den Lorenzen nicht mehr gehen konnte. Er starb im Jahre 1917. Als die Kirche schließlich unter großen Schwierigkeiten 1921 eingeweiht werden konnte, wurde sie in Erinnerung an ihre Entstehungszeit mitten im entsetzlichen Vernichtungskrieg „Versöhnungskirche“ genannt.

Gleichzeitig entstand in Barmbek am Tieloh die Auferstehungskirche des Architekten Camillo Günther. Der Kirchenbau mit seiner die umgebende Wohnbebauung überragenden Kuppel beherrscht die Straßenkreuzung und wirkt optisch in das Stadtbild hinein. Neben der Kirche befindet sich noch ein Gemeindehaus, zwei Pastorate und ein Küsterhaus. In ihrer Architektur ist die Baugruppe ein besonders überzeugendes Beispiel für die Erneuerung der Baukunst aus der Tradition heimatlicher Formen und Materialien. Der rote Backstein wird ergänzt durch keramische Ornamente am Eingangsgiebel mit dem schlichten Kreuz und der reizvollen Uhr, die umgeben wird von den Tierkreiszeichen im Jahresablauf. Die Auferstehungskirche knüpft besonders deutlich an die barocken evangelischen Kirchbautraditionen an. Man denkt beim Blick auf die Kuppel mit ihrer großen Laterne an die Frauenkirche in Dresden oder die Rellinger Kirche. Auch im Innenraum ist die Anordnung des Gestühls mit davor zentral stehender Kanzel und in den Hintergrund gerücktem Altar von der Frauenkirche beeinflußt. 1920 wurde die Auferstehungskirche eingeweiht, bevor in dieser schweren Zeit bis 1923/24 fast alle Bautätigkeit als Folge der Nachkriegswirren und der Inflation ruhte.

oben: Die St.-Stephanus-Kirche in Eimsbüttel bildet mit dem Kirchenbau und den direkt daran anschließenden Gebäuden für die Gemeindearbeit ein selbständiges Gemeindezentrum. Der Backsteinturm an der Straßenecke bildet den beherrschenden Akzent.

linke Seite: Die Flottbeker Kirche erinnert mit ihrer Südseite fast an ein norddeutsches Herrenhaus. Sie stellt mit ihrer Architektur ein Musterbeispiel für die Reformarchitektur dar. Mit ihren Nebengebäuden ist die Gebäudegruppe eines der ersten Gemeindezentren in Hamburg.

oben: Die Auferstehungskirche am Tieloh in Barmbek prägt sich durch ihre charakteristische glockenförmige Dachhaube und die grün patinierte bekrönende Laterne ein. Sie bildet das Zentrum eines einheitlichen Gebäudekomplexes mit Gemeindehaus und Pastoraten. Die nördlich anschließende Schule von Fritz Schumacher gehört stilistisch wie aus einem Guß dazu. Die neue Architektur der Reform zur Überwindung des Historismus hat ihren überzeugenden Ausdruck gefunden.

rechts: Die hohe Qualität zeigt sich bis ins Detail, so auch bei der Uhr im Giebeldreieck der Auferstehungskirche.

links: Mit der Versöhnungskirche im Eilbektal schuf Fernando Lorenzen mitten im Ersten Weltkrieg sein letztes Werk. Der Bau ist mit seiner klaren Gliederung und dem in das Kirchenschiff einbezogenen Eckturm eine der reifsten Lösungen der Hamburger Reformarchitektur.

Die Kapelle 13 auf dem Ohlsdorfer Friedhof von Fritz Schumacher ist die „schönste Kapelle des Friedhofs" (Hermann Hipp). Sie steht am Ende der großen Mittelachse und bildet von fern und nah einen unverwechselbaren architektonischen Blickpunkt.

Die Kirchen der zwanziger Jahre

Nach der Inflation litt Hamburg unter einer entsetzlichen Wohnungsnot. Zu ihrer Behebung wurde ein vorbildliches Reformprogramm für den Bau von kleinen Wohnungen eingeleitet. Hamburgs damaliger Oberbaudirektor Fritz Schumacher plante im ganzen Stadtgebiet beispielhafte Siedlungen, ebenso in Altona der Bausenator Gustav Oelsner. Für die Planung und Durchführung wurden Architekten-Wettbewerbe ausgeschrieben. Dadurch kamen die besten Architekten beim Bau neuer Siedlungen und ganzer Häuserblocks zum Zuge. So entstanden bis in die 30er Jahre hinein 33.700 Kleinwohnungen in mustergültigen Quartieren, wie z. B. in der Jarrestadt in Winterhude oder am Dulsberg in Barmbek. Fritz Schumacher nannte dieses Siedlungsprogramm „einen Gürtel um Hamburgs alten Leib, den man später als die Zone wird erkennen können, in der unsere Zeit ihrem Bauwillen Ausdruck gegeben hat".

Die wachsenden bevölkerungsreichen neuen Wohngebiete machten die Gründung weiterer Kirchengemeinden beider großer Konfessionen notwendig. So entstanden in den wenigen Jahren zwischen 1925 und 1931 vier evangelische und fünf katholische Kirchengemeindezentren. Das Programm, die Kirchen mit den für alle Aufgaben der Gemeinde notwendigen Gebäuden wie Pfarrhäusern, Kindergärten oder Gemeindehäusern zu ergänzen, ist seitdem allgemeingültig geworden. Die Kirchtürme bildeten zwar immer noch städtebauliche Dominanten, auch wenn sie keine traditionellen Turmspitzen mehr trugen, aber es war, als hätte der Krieg auch die letzten barocken

Schnörkel von diesen strengen und ornamentlosen Bauten weggefegt. Die Baukörper wurden als klare geometrische Kuben aneinandergefügt. Quadrat, Rechteck und Kreis beherrschten die Grundrisse; auf ihnen bauten sich Räume und Türme als einfache stereometrische Körper auf. Die Außenwände wurden von möglichst wenigen Fenstern durchbrochen, die als schmale Bänder, Schlitze oder Kreise ins Mauerwerk einschneiden. Roter Backstein oder dunkelrotvioletter Klinker hatten sich endgültig als Material für die Außenhaut der Bauten durchgesetzt. Die Klinkereuphorie wurde vor allem durch das erste große Kontorhaus der Nachkriegszeit ausgelöst, Fritz Högers Hamburger Symbolbau, das Chilehaus.

Fritz Schumacher war der Hauptvertreter des „materialgerechten Bauens“. Angesichts dreier so unterschiedlicher Architekturströmungen, wie dem Heimatstil, dem Bauexpressionismus und dem sachlichen Neuen Bauen, war es für ihn der Backstein, „der alle neuartigen Wirkungen durch einen leisen Einschlag von Überlieferung dämpft“. Er, der hauptsächlich verantwortlich für Hamburgs Städtebau war, suchte doch jede Gelegenheit, um auch mit seinen architektonischen Entwürfen erzieherisch zu wirken. Auf dem Gebiet des Sakralbaus konnte er mit seinen Bauten auf dem Ohlsdorfer Friedhof, der Kapelle 13 und dem Krematorium, beweisen, was er meinte, „wenn er sie aus dem Schatten der Gleichgültigkeit heraushob und an ihnen die verschiedensten Versuche machte, um zu einem lebensvollen Backsteinbau zu kommen“. Die Kapelle 13 ist 1927/28 entstanden. Am östlichen Ende der breiten Friedhofsmittelallee erhebt sie sich als kreisrunder Zentralbau im Blickpunkt der Hauptachse. Zwölf Stahlbetonstützen tragen im Kreis von 16 Metern Durchmesser die Dachkonstruktion, die von innen ein Sterngewölbe bildet. Die Felder zwischen den Stützen sind mit hohen, senkrecht gegliederten Fenstern ausgefüllt. Die gesamte Baugruppe ist von außen mit dunkelrotem Klinker in fein strukturierter Ornamentik verblendet. Monumentalität im Großen und Feinheit im Detail zeichnen die Friedhofskapelle als eines der qualitätvollsten Bauwerke Schumachers aus.

Für die neugegründeten evangelischen Gemeinden Uhlenhorst und Barmbek-West schuf der Hamburger Architekt Emil Heynen zwei Kirchenanlagen mit einer vergleichbaren Konzeption, jedoch in völlig unterschiedlichen architektonischen Formen. In beiden Fällen wurden die Gottesdiensträume in ein oberes Geschoß verlegt. Darunter sind ebenerdig von der Straße aus zugänglich die Räume für die Gemeindearbeit angeordnet. Dieses Grundstücksfläche sparende Prinzip bringt allerdings die Erschwernis mit sich, daß die Gottesdienstbesucher den Kirchenraum über eine geschoßhohe Treppenanlage erklimmen müssen. Der Architekt hat dieses Problem auf unterschiedliche und phantasievolle Weise gelöst. Bei der Heilandskirche in Uhlenhorst betritt man das Kirchengebäude von einem in Straßenhöhe am Winterhuder Weg gelegenen Vorplatz, der von niedrigeren Seitengebäuden flankiert wird. Der Treppenaufgang in den Kirchenraum liegt im Innern des Hauptgebäudes, von außen nicht sichtbar. Im Gegensatz dazu wurden bei der Bugenhagen-Kirche am Biedermannplatz zwei große einladende Treppenanlagen beiderseits des aus der Straßen-

Vom Biedermannplatz aus führen zwei seitliche Treppenanlagen neben dem Vorplatz empor in die Bugenhagenkirche. Monumental überragt der kubische, im oberen Abschluß expressionistische Turm die benachbarten Wohnhäuser.

Seite 118/119: *Die Heilandskirche liegt mit ihrem Vorhof am Winterhuder Weg. Das Kirchenschiff mit dem Kirchensaal im Obergeschoß ist quergelagert. Der Dachreiter markiert optisch die kirchliche Aufgabe des Bauwerks.*

132

Die katholische St.-Franziskus-Kirche in Barmbek ist Teil eines Gebäudekomplexes mit Gemeindebauten, Wohnhäusern und Schule. Die Gebäudegruppe fügt sich nahtlos in die benachbarte Wohnbebauung ein. Die kubische Architektur nimmt im Stufengiebel der Eingangshalle Formen der Backsteingotik auf. Der klar gegliederte ornamentlose Bau ist ein Beispiel für das Neue Bauen der späten 20er Jahre.

flucht zurückgesetzten Vorhofes angeordnet. Die beiden Treppen sind oberhalb des Vorplatzes brückenartig miteinander verbunden. Von hier aus ist der Kirchsaal über fünf Eingangstore zugänglich, die durch weithin sichtbare großformatige Terracotta-Figuren betont werden. Auch bei der Bugenhagen-Kirche liegen die Gemeinderäume mit einem großen Gemeindesaal, Bühne und Garderoben im Erdgeschoß unter der Kirche.

In ihrer unterschiedlichen äußeren Gestaltung sind beide Gebäudegruppen schöne Beispiele für die architektonischen Strömungen der 20er Jahre in Hamburg. Die Heilandskirche knüpft noch an die Tradition der Reformarchitektur der Vorkriegszeit an. In vielen Einzelheiten erinnert sie an die Auferstehungskirche in Barmbek: rotes Backsteinmauerwerk, weiße Sprossenfenster, große hohe Dächer über den Gebäuden. Die gotisierenden Spitzbögen des Haupteinganges waren ein Lieblingsmotiv der damaligen expressionistischen Formenwelt, die mit dem Chilehaus Eingang in die Hamburger Architektur gefunden hatte. Expressiv wirkt auch die Turmbekrönung der Bugenhagen-Kirche mit ihren senkrechten Pfeilern. Ihr architektonisches Gesamtbild weist auf die Architekturströmung der späten 20er Jahre hin, das „Neue Bauen". Diese Stilbezeichnung meint wörtlich die Abkehr von allen historischen oder traditionellen Bauweisen. Auch als „Neue Sachlichkeit" oder „Funktionalismus" bezeichnet, wird das Neue Bauen in Verbindung gebracht mit dem Bauhaus in Weimar und Dessau, das jedoch auf die Hamburger Architektur keinen direkten Einfluß gehabt hat. Hier war es die Gruppe der progressiven Architekten um Fritz Schumacher und Gustav Oelsner, die gemeinsam mit ihnen die neuen Siedlungen und Wohnungsbauten schufen.

Es ist erstaunlich, daß bei einer so traditionsbeladenen Bauaufgabe wie dem Kirchenbau in dieser Zeit bei fast allen neuen Kirchen beider großen Konfessionen Beispiele des Neuen Bauens vorherrschen. Charakteristisch dafür ist die Gestaltung der Baukörper und ihrer Fassaden aus der Funktion heraus. Bauteile unterschiedlicher Nutzung, z. B. Kirchenschiff, Kirchturm, benachbarte Gemeinderäume und Wohngebäude stehen in klaren kubischen Umrissen nebeneinander. Flachdächer und flach geneigte Dächer ohne vorspringende Gesimse entsprechen dem Wunsch nach größter Einfachheit in der äußeren Erscheinung. Fenster und Türen sind ohne Umrahmungen in die Wände eingeschnitten. Oft werden sie zu waagerechten oder senkrechten Fensterbändern zusammengefaßt. Fast alle Kirchenneubauten, sowohl der evangelischen als auch der katholischen Gemeinden, sind Klinkerbauten. Sicher spielte bei der Materialwahl der Einfluß Schumachers eine gewichtige Rolle. Vielleicht wollte man auch an die Blütezeit des mittelalterlichen Kirchenbaus, die norddeutsche Backsteingotik, anknüpfen.

Bei der Bugenhagen-Kirche und der katholischen St.-Franziskus-Kirche in Barmbek wird auch heute noch die Bedeutung der Einbindung in die gleichzeitig entstandenen Wohngebiete sichtbar. Zwischen den Großwohnblocks liegen die Gemeindezentren eingebettet mit

ihren Funktionsgebäuden und gleichzeitig dominant hervorgehoben durch die Klarheit und Monumentalität der Kirchenschiffe und Türme. Es lohnt, in Barmbek-Nord die Straße Lämmersieth entlangzugehen, die St.-Franziskus-Kirche mit ihren Nebengebäuden und der Schule zu umrunden, um zu erfahren, welche großartige städtebauliche und architektonische Einheit hier geschaffen wurde.

Von den Architekten der St.-Franziskus-Kirche, Karl Bensel und Johannes Kamps, stammt auch die katholische St.-Paulus-Augustinus-Kirche in Groß Flottbek an der Ebertallee. Bei diesem Bau wirkte der Architekt Heinrich Amsinck mit, der neben Karl Schneider einer der Hauptvertreter des Neuen Bauens war. Kirchenschiff und Kirchturm bilden unter leicht abgeschrägten Dächern eine Einheit, die sich in die kleinmaßstäbliche vorstädtische Umgebung gehöftartig einfügt.

Weiter stadtauswärts in Blankenese wurde als letzter katholischer Kirchenneubau vor der Nazizeit Maria-Grün an der Schenefelder Landstraße gebaut. Der kreisrunde Bau mit seinem davorgestellten kubischen Turm stammt von dem österreichischen Architekten Clemens Holzmeister. In Wien war er berühmt geworden als Erbauer des expressionistischen Krematoriums, und später errang er weltweit Ruhm mit dem Festspielhaus in Salzburg.

Vergleichbar konsequent in ihrer Modernität und architektonischen Haltung entstand als letzte evangelische Kirche der 20er Jahre St. Ansgar an der Langenhorner Chaussee. Die Architekten Hermann Geissler und Otto Wilkening schufen ein Musterbeispiel des Neuen Bauens, das schon wenige Jahre später als entartet verunglimpft wurde: das Kirchenschiff als rechteckiger Kubus, der Turm asymetrisch seitlich aufragend als städtebauliches Zeichen in der vorstädti-

Auch die römisch-katholische St.-Paulus-Augustinus-Kirche in Groß Flottbek fügt sich in die schnörkellose Bauweise der Moderne am Ende der 20er Jahre ein. Nach der Unterbrechung dieser architektonischen Entwicklung durch die Nazizeit knüpft der katholische Kirchenbau nach dem Krieg hier an, z.B. mit den Kirchen von Emil Steffann und Rudolf Schwarz.

oben: Die Blankeneser Kirche Maria-Grün stellt einen Sonderfall unter den katholischen Kirchen Hamburgs dar. Der österreichische Architekt Clemens Holzmeister schuf einen kreisrunden Kirchenraum, in dem zum ersten Mal die Gemeinde und der liturgische Bereich räumlich zusammengefaßt sind. Die streng geometrische Architektur des zylindrischen Kirchenbaus und des kubischen Turmes sind ein hervorragendes Beispiel für das Neue Bauen. Eine kreisrunde Kirche wurde erst vor kurzem wieder gebaut mit der katholischen Edith-Stein-Kirche (s. S. 157).

rechts: Die St.-Ansgar-Kirche an der Langenhorner Chaussee war der letzte moderne evangelische Kirchenbau vor der Nazizeit.

schen Umgebung. Der Kirchenraum beherbergt noch heute eine der wenigen Orgeln von Hans Henny Jahnn, dem Mitbegründer der Orgelbewegung in den 20er Jahren *(siehe St. Jacobi)*. Vor wenigen Jahren sollte die Orgel zerstört werden. Zum Glück gelang es, mit einer Kompromißlösung die Jahnn-Orgel zu erhalten und eine neue, heutigen Ansprüchen genügende Orgel zweigeteilt davor zu errichten, ohne die Jahnn-Orgel ganz zu verdecken. Dagegen wurde leider in einem barbarischen Akt das Altarbild der bedeutenden jüdischen Hamburger Malerin Anita Rée schon 1933 als „entartete Kunst" entfernt und später zerstört.

Die Zeitzeichen standen schon auf Sturm, als im September 1930 die NSDAP einen großen Wahlerfolg hatte. Zu dieser Zeit war eine neue Synagoge in der Oberstraße im Bau. Es sollte der letzte Sakralbau in Hamburg vor 1933, schon gar der einer israelitischen Gemeinde sein, und es wurde ein Höhe- und Endpunkt des Neuen Bauens in seiner qualitätvollsten und konsequentesten Form. Bauherr war der israelitische Tempelverband, eine jüdische Reformgemeinde. 1929 entschloß man sich, für den Bau eines „neuen Tempels" einen Wettbewerb auszuschreiben. Die Gewinner des ersten und des dritten Preises, Felix Ascher und Robert Friedmann, wurden zusammengespannt und erarbeiteten gemeinsam den endgültigen Entwurf. Er zeichnet sich durch strenge Symetrie aus. Die Mittelachse führt über einen erhöhten Vorhof mit seitlich flankierenden niedrigen Bauten zum Eingang hin. Darüber ragt die geschlossene Front des Betsaales auf, nur durchbrochen von einem kreisrunden Fenster mit dem siebenarmigen Leuchter als Symbol darin. Die benachbarte und gegenüberliegende gründerzeitliche Stadthausbebauung der Oberstraße besteht

Die ehemalige neue Synagoge an der Oberstraße überstand als Bau die Progromnacht des 9. November 1938. Später wurde sie als Rundfunkstudio in das benachbarte NDR-Gelände einbezogen. Die Architektur zeigt jene Qualität der klassischen Moderne, mit der die deutsche Baukunst vor 1933 eine führende Rolle in Europa spielte, die sie nie wieder erreichte.

überwiegend aus Putzbauten mit Steingliederungen. Die Muschelkalkstein-Verkleidung der Synagoge paßt sich farbig in diese Umgebung ein, doch architektonisch ist der Gegensatz zur benachbarten Bebauung unübersehbar. Die Architekten haben diese Absicht interpretiert: *„Ein Bauwerk, das durch die Schlichtheit und Erhabenheit seines Baukörpers seine eigene deutliche Sprache redet [...] So ist das Bauwerk, das der israelitische Tempel-Verband errichtet hat, ein typischer Ausdruck für ein demütig-stolzes und in sich selbst ruhendes Judentum, das sich gleichberechtigt in seine Umgebung eingliedert."*

Schon bald nach der Einweihung am 17. August 1931 wurde diese Hoffnung zerstört. Endpunkt der jüdischen Geschichte des neuen Tempels war der 9. November 1938, an dem der Bau glücklicherweise nicht wie die rund 20 Hamburger Synagogen zerstört wurde. Nach der Plünderung wurde das Bethaus enteignet und stand bis 1946 leer. Der benachbarte Norddeutsche Rundfunk baute die Synagoge zu einem Sendesaal um, der seitdem vor allem für Konzertaufnahmen alter und moderner Musik genutzt wird. Dem Gedenken an die Geschichte des neuen Tempels ist eine Bronzeplastik der Bildhauerin Doris Waschk-Balz gewidmet, die in der Mitte der unteren Stufen auf einem Muschelkalk-Podest steht. Sie zeigt den Rahmen des Thora-Schreins mit halb heruntergerissenem Vorhang und am Boden eine herausgezogene und zerfetzte Thora-Rolle. Über den Eingangsportalen ist auch die ursprüngliche hebräische Inschrift wieder in die Muschelkalk-Platten eingeschlagen worden: *„Denn mein Haus soll ein Bethaus genannt werden für alle Völker"* (Jes. 56-7).

Kontrastreich ist der Sprung von der Architektur der Synagoge zu den Neubaukirchen während der Zeit des Dritten Reiches. Die St.-Lukas-Kirche in Fuhlsbüttel war ursprünglich neugotisch und wurde 1938 völlig umgebaut. Seitdem gibt sie sich ländlich und traditionalistisch im damals bevorzugten Heimatstil.

Kirchen im Dritten Reich

Am 30. Januar 1933 ernannte Reichspräsident Hindenburg Adolf Hitler zum Reichskanzler. Die Nationalsozialisten übernahmen die Macht. Der Hamburger NS-Gauleiter Karl Kauffmann ließ auf dem Hamburger Rathaus die Hakenkreuz-Fahne hissen. Alle Parteien wurden aufgelöst, die Sozialdemokratische Partei hatte schon von sich aus vorher ihre Selbstauflösung beschlossen. Die der SPD nahestehenden Hamburger und Altonaer Bauchefs Fritz Schumacher und Gustav Oelsner wurden entlassen. Sie waren die Repräsentanten des sozialen Städte- und Wohnungsbaus und Vertreter des Neuen Bauens, das von den Nazis als kulturbolschewistische Architektur verunglimpft wurde. Ansatz für diese Kampagne war eine von den Traditionalisten hochgepuschte Polemik um das flache Dach. Flachdächer wurden als artfremd, orientalisch und daher als undeutsch denunziert. Die Blütenträume von der schönen neuen Welt der klaren, strengen modernen Architektur wurden jäh zerstört. Ab 1934 wurden Flachdächer verboten, Baugenehmigungsanträge ohne geneigte Dächer nicht mehr bearbeitet. Die besten Architekten dieser Richtung mußten aus rassischen oder politischen Gründen emigrieren. Ansonsten paßte man sich an, flüchtete in biedere Heimattümelei oder fand Oasen, die den Nazis verborgen blieben, wie den Industriebau.

Die Kirchen hatten in dieser Zeit andere Sorgen, als Bauprojekte zu fördern. Es ging darum, die Gemeinden gegenüber dem staatlich geförderten Atheismus zu stärken. Die Kirchenleitungen schwankten zwischen Anpassung und Widerstand, der auch in Hamburg Pastoren

oben: Die Tradition norddeutscher Dorfkirchen nahmen die Architekten Hopp und Jäger bei ihren Kirchenbauten in den dreißiger Jahren auf. Backstein, Fachwerk und hohe Ziegeldächer sind dafür charakteristisch. Die Lutherkirche in Wellingsbüttel an der Straße Up de Worth ist dafür ein besonders signifikantes Beispiel.

rechts: Auch der Innenraum der Lutherkirche entspricht mit seiner Bevorzugung von Naturmaterialien und deren handwerklicher Verarbeitung dem Vorbild norddeutscher Dorfkirchen.

und Pfarrern Haft im Konzentrationslager und einigen die Hinrichtung brachte. Der Neubau von Kirchen reduzierte sich auf wenige Beispiele. Bis 1937 erhielt das neue Siedlungsgebiet am Dulsberg im Osten Hamburgs ein Kirchenzentrum mit der Frohbotschaftskirche von den Architekten Dyrssen und Averhoff. Die Kirche wurde zerstört und nach dem Krieg wiederaufgebaut. Außerdem entstanden in den nordöstlichen Vororten drei kleinere dörfliche Kirchenbauten der Architekten Bernhard Hopp und Rudolf Jäger. Die Lutherkirche in Wellingsbüttel und die Maria-Magdalenen-Kirche in Kleinborstel stellen beide den Typus der handwerklich-volkstümlichen norddeutschen Backstein-Fachwerkkirche dar. Trutzige Kirchtürme beherrschen die Eingangsfront. Die Kirchenschiffe unter hohen Satteldächern beherbergen Kirchsäle mit Emporen unter Verwendung von viel Naturholz und sonstigen rustikalen Materialien und Oberflächen. Anders verhält es sich bei der St.-Lukas-Kirche in Fuhlsbüttel. Der Ursprungsbau von 1893 stammte von dem Michel-Baumeister Julius Faulwasser und war im Stil neugotisch. Hopp und Jäger haben die Kirche 1938 so stark umgebaut, daß von dem Ursprungsbau im Äußeren fast nichts mehr zu spüren ist. Es entstand eine norddeutsche Dorfkirche mit hohem Satteldach und barockisierendem Turmhelm. Zusammen mit den kleinsprossigen weißen Fenstern, die eher an Bauernhäuser erinnern, ist hier eine „bodenständige“ Architektur entstanden, in die sich damals viele Architekten auch bei dem Bau von Schulen, Jugendherbergen usw. flüchteten.

Noch 1938 entstand in Harburg die Paul-Gerhardt-Kirche. Der ebenfalls traditionalistische Bau überzeugt durch seine großzügige

ICH BIN DER WEG
187 1-4
197 1-3
187 5-7
197 4+5+8
189

und klare Massengliederung. Eingangshalle, Kirchenschiff und Turm haben ihre eigenen kubischen Qualitäten und sind lebendig zueinander komponiert. Ihr Erbauer, Friedrich Fischer, war Architekturprofessor in Hannover, früher Stadtbaumeister von Danzig. Das Außenmauerwerk war nach ursprünglicher Danziger Manier ochsenblutrot überstrichen. Dazu kontrastierte ein weißer Anstrich für die Fenster- und Turmöffnungsleibungen. Der Bau wirkte dadurch zugleich geschlossener und kontrastreicher als heute nach der Renovierung.

Inzwischen liefen Hitlers Kriegsvorbereitungen auf Hochtouren. Es durften nur noch kriegswichtige Bauten errichtet werden, und dazu zählten natürlich keine kirchlichen Gebäude. Dafür entstanden absurde Planungen für den Umbau der deutschen Städte nach dem Endsieg. Eine 300 m hohe gewaltige Kuppelhalle sollte in Berlin neben dem alten Reichstagsgebäude als krönender Abschluß nationalsozialistischer Architektur errichtet werden. Was blieb von dieser geplanten Herrlichkeit? Ein gigantischer Trümmerhaufen. Zeugen für die Städte des Nach-Hitler-Deutschland waren die Ruinen des Krieges geworden. Für Hamburg war der Anfang vom Ende schon 1943 gekommen, als in der Operation „Gomorrha" vom 24. Juli bis zum 3. August die Stadt in großen Teilen grausam zerstört wurde. Weitere Bombenangriffe folgten bis Kriegsende. Als am 3. Mai 1945 die ersten britischen Panzer über die wie durch ein Wunder unzerstörten Elbbrücken rollten und Hamburg besetzten, konnte Bilanz des Zerstörungswerks gezogen werden. Dreiviertel des Wohnungsbestandes, fast die gesamte Industrie, große Teile des Hafens lagen in Schutt und Asche. Von den evangelischen Kirchen waren 22 total zerstört und 6 schwerst beschädigt. Den katholischen Kirchen und Freikirchen ging es nicht besser. Schlimm war das Bild für die historischen Hauptkirchen in der Innenstadt. St. Katharinen, St. Jacobi und St. Nikolai standen ohne Dächer, die Gewölbe zum großen Teil eingestürzt, das Innere verwüstet. In Altona sah es nicht anders aus mit der Hauptkirche St. Trinitatis und der St.-Josephs-Kirche an der Großen Freiheit. St. Petri und der Michel waren schwer beschädigt, aber sie standen noch beide mit ihren Kirchturmspitzen, ebenso wie der neugotische hohe Turm von St. Nikolai am Hopfenmarkt. Doch in den Notjahren bis 1948 war an Reparatur, Bausicherung, geschweige Wiederaufbau, nicht zu denken. Das Dach über dem Kopf, die Versorgung mit dem Notwendigsten, der Ausbau von Schrebergartenhäusern, der Neubau von Nissen-Hütten, die leibliche Behausung der notleidenden Menschen waren wichtiger.

oben: Noch kurz vor Kriegsausbruch wurde die evangelische Paul-Gerhardt-Kirche in Harburg fertiggestellt. Ihr Architekt Friedrich Fischer übertrug Traditionen der Danziger Backsteingotik in diesen klar gegliederten Kirchenbau.

linke Seite: 1993 wurde die Paul-Gerhardt-Kirche durch den Architekten Hans-J. Schoop renoviert. Die Hamburger Künstlerin Almut Heer schuf ein dreiteiliges, wandhohes Fresko an der Rückwand des Altarraumes. Der Thematik liegen die Worte des Glaubensbekenntnisses zugrunde. Im Mittelpunkt steht vor dem Fresko das goldene Altarkreuz. Im Bild dahinter entwickelt sich in einer senkrechten Form als Verbindung von Himmel und Erde ein Lebensbaum, der dem Strom des Lebens Ausdruck gibt. Eine schräge, blaue Form senkt sich langsam in die Horizontale und symbolisiert damit Wasser-Schwerkraft-Erde-Empfangen. Einzelne bildhafte Elemente werden sichtbar: links Maria mit dem Jesuskind und auf der Gegenseite die fünf Häuser als Gemeinde der Heiligen. Anregungen zu dem Bild entdeckte die Künstlerin auf Wanderungen durch Wilsdorf rings um die Kirche herum: Wiesenstücke, Bäume und die fünf Häuser der „Gemeinde der Heiligen", die den Häusern der angrenzenden Siedlung entsprechen.

oben: An der Martinistraße 31 steht eine der drei nach dem Krieg 1949 errichteten Notkirchen, St.Martinus-Eppendorf. Ausländische Spenden ermöglichten es dem evangelischen Hilfswerk, durch den berühmten Kirchenarchitekten Otto Bartning 48 Notkirchen in Deutschland aufbauen zu lassen. In Hamburg hat Gerhard Langmaack die insgesamt drei Notkirchenbauten in Schnelsen, St.Markus Hoheluft und St.Martinus betreut. Dem Grundsystem des Fertigteilbaus wurde in Eppendorf ein Turm mit einer Eingangshalle vorgelagert und ein halbrunder Altarraum angegliedert. Der Innenraum zeigt in seiner Struktur die sichtbar und unverkleidet gelassenen hölzernen vorgefertigten Stützen und Dachbinder. Das Mauerwerk besteht aus Kalksandstein, dem damals einfachsten und billigsten Material, das weiß gestrichen wurde. Die Räume dieser Notkirchen stellen wichtige Zeugnisse für die Not der Nachkriegszeit dar und sind zugleich hoffnungsvoller Beginn eines kirchlichen Wiederaufbaues.

rechte Seite: Ein Kirchenbaumeister der ersten Stunde nach dem Krieg war Friedrich R. Ostermeyer, der zu den bekanntesten Hamburger Architekten in der Ära des Baudirektors Fritz Schumacher gehörte. Gemeinsam mit Henry Schlote plante er als Ersatzbau für die 1943 völlig zerstörte Borgfelder Kirche an der Bürgerweide 1952-53 die Erlöserkirche. In der Tradition der 20er und 30er Jahre entstand ein schlichter, roter Backsteinbau. Der Ostgiebel trägt ein eindrucksvolles Totengedächtnismal mit Christusfigur und Schrifttafel von Hans Kock. Von Friedrich R. Ostermeyer wurde in den 50er Jahren, die meisten gemeinsam mit Paul Suhr, noch folgende Kirchen in Hamburg geplant: Die Broder-Hinrick-Kirche im Langenhorn, die Pauluskirche in Hamm an der Caspar-Voght-Straße, die Epiphanien-Kirche am Rande der Jarrestadt am Wiesendamm, die Timotheuskirche an der Washingtonallee in Horn und die Melanchthonkirche in Gross Flottbek.

Die neuen Kirchen nach dem Krieg

Nach der Währungsreform im Sommer 1948 begannen sich erste Initiativen für einen Wiederaufbau zu regen. Ausländische Spenden, besonders aus Schweden, ermöglichten es dem Evangelischen Hilfswerk, Notkirchen bauen zu lassen. Der Altmeister des evangelischen Kirchenbaus, Otto Bartning, entwickelte eine typisierte Konstruktion, die vorgefertigt wurde und dann an verschiedenen Orten aufgestellt werden konnte. Die das Dach tragenden Stützen und Dreiecks-Binder bestanden aus Holz. Das Grundgerüst konnte mit örtlichen Materialien ausgemauert oder verkleidet werden. Aus dieser Verbindung von Typisiertem und Individuellem ergab sich die Möglichkeit der Abwandlung und Einbindung in örtliche Traditionen. Von den 48 zwischen 1947 und 1949 in ganz Deutschland errichteten Notkirchen stehen in Hamburg noch drei, deren individuelle Abwandlung durch Gerhard Langmaack gestaltet wurde. In Schnelsen wurde der einfachste Typ mit einem polygonalen Altarraum errichtet, in St.-Markus-Hoheluft fügte Langmaack die Fertigteil-Notkirche in die Ruine der neugotischen Kirche zwischen den erhaltenen Altarraum und den stehengebliebenen Turm ein. Das bekannteste Beispiel ist die Eppendorfer St.-Martinus-Kirche, auf der verkehrsreichen Straßengabelung Tarpenbekstraße/Martinistraße hervorgehoben gelegen. An das Bartningsche Grundsystem wurde ein Turm mit Eingangshalle und ein halbrunder Altarraum angebaut. Ein ergänzendes Gemeindehaus, das sich architektonisch der Notkirche sehr gut anfügt, erbaute 1973 der Architekt Jörn Rau. Diese Notkirchen waren für die Gemeinde keine

336
195 1-4
407 1 4+5
263 1-2
458 1-3
283 1-3
284 1+3

ärmlichen Provisorien, sondern sie stellten in der Not der ersten Nachkriegszeit eine Architektur der Aufrichtigkeit dar; Bartning sprach sogar vom Stolz der Armut im Sinne der franziskanischen Einfachheit. Er schuf mit den Notkirchen Symbole dieser Notzeit.

Gleichzeitig begann der Wiederaufbau der noch zu rettenden Kirchensubstanz. Einschließlich der Hauptkirchen waren 27 Bauten in Hamburg zwar stark beschädigt, aber noch wiederaufbaufähig. Einig war man sich darüber, daß die mittelalterlichen und barocken Kirchen soweit irgendwie möglich gerettet und wiederhergestellt werden sollten. Nur bei der Hauptkirche St. Nikolai am Hopfenmarkt schieden sich die Geister. Diese grandiose Kathedrale des 19. Jahrhunderts war zwar schwer getroffen, aber nicht schwerer zerstört als St. Jacobi oder St. Katharinen. Aus heutiger Sicht wäre es undenkbar, eines der bedeutendsten Kulturdenkmäler der Neugotik in Deutschland nicht wiederaufzubauen. Doch damals fühlte sich die Landeskirche schon mit den anderen Hauptkirchen in der weitgehend entvölkerten Innenstadt überfordert. Welche Gemeinden sollten diese Riesenräume füllen? So fiel die Entscheidung zur Gründung einer neuen Nikolai-Kirchengemeinde in Harvestehude, dem vom Bombenkrieg relativ verschonten und dicht bevölkerten stadtnahen Wohngebiet. Die Außenwände der alten Nikolai-Kirche wurden bis auf den Chor, der fast zufällig stehenblieb, abgerissen. Der einsam hochragende Turm und die Fläche der Ruine wurden als Ort für ein zentrales Mahnmal gegen Krieg und Faschismus vorgesehen. Bis heute wird an der Verwirklichung gearbeitet.

Während die stark beschädigten Kirchenbauten noch ausgeflickt wurden, Dächer gedeckt und Fenster repariert wurden, begann von 1952 an eine stürmische Entwicklung von Kirchenneubauten. In den folgenden 10 Jahren registrierte die damalige Gründerin des kirchlichen Kunstdienstes, Gertrud Schiller, in ihrem Bericht für den Evangelischen Kirchbautag 1961 allein 62 evangelische Neubauprojekte. Hinzu kamen zahlreiche Bauten der katholischen Kirche und der sonstigen Konfessionen und Freikirchen. Worin lag der Grund für eine so ungeheure Kirchbautätigkeit? Im 19. Jahrhundert waren in den neugegründeten Vorstädten Großgemeinden mit 40.000 bis 50.000 Gemeindemitgliedern entstanden. Diese unüberschaubare Gemeindestruktur war kaum zu betreuen. So ging man nach dem Krieg daran, die Großgemeinden in überschaubare Einheiten von 5.000 bis maximal 10.000 Menschen aufzuteilen. Dieses entsprach auch einer städtebaulichen Idealvorstellung von Siedlungskomplexen, die man als Nachbarschaften bezeichnete. Zudem wurden zahlreiche neue Wohngebiete am Stadtrand rings um den Siedlungsgürtel der 20er Jahre geschaffen. Hamburgs Bevölkerung war am Ende des Krieges auf rund eine Million geschrumpft. 1960 war sie schon wieder auf über 1,8 Millionen Menschen gestiegen. Und davon wohnte ein großer Teil nicht mehr in der Innenstadt, sondern im Grünen am Stadtrand.

In dem Kirchenbauboom der 50er und frühen 60er Jahre entstanden die unterschiedlichsten Kirchentypen, von der städtischen Groß-

oben: Als eine der ersten Neubaukirchen nach dem Krieg errichtete Walter Ahrendt von 1950-52 die Volksdorfer Kirche am Rockenhof. Dem Bau lag eine Planung von 1936 zugrunde, die wegen des Krieges nicht zur Ausführung gekommen war. Die Architektur des Baukörpers steht noch ganz im Zeichen von Heimatstil und Traditionalismus. Ein dominanter Backsteinturm markiert den freistehenden Kirchenbau auf der Anhöhe.

linke Seite: Der Charakter des Kirchenschiffes wird durch die aneinandergereihten Stahlbetonbögen der tragenden Konstruktion bestimmt. Das Gestühl ist beiderseits des Mittelgangs auf die halbkreisförmige Apsis ausgerichtet. Den Altarraum beherrscht die Kreuzigungsgruppe aus Holz, die wie auch Taufe, Kanzel und Altar der Bildhauer Karl Schubert gestaltete. 1991 wurde der Kirchenraum durch den Architekten Bernhard Hirche renoviert und umgestaltet. Eingangsbereich mit Vorhalle, Taufe am Beginn des Mittelganges und neues Altarzentrum, das dreiseitig vom Gemeindegestühl umgeben wird, stellen die wichtigsten Veränderungen dar. Durch die Farbgestaltung und durch die neuen Fenster von Jochen Pönsgen wurde der Raum heller und freundlicher in seiner Wirkung. Der Architekt Walter Ahrendt hat im Osten Hamburgs in den 50er Jahren drei weitere Kirchen gebaut: die Kirche am Poppenbütteler Markt 1953-54, die Matthias-Claudius-Kirche in Wohldorf-Ohlstedt ebenfalls 1953-54 mit ihrem schönen in sich geschlossenen Zentralraum, und die Thomas-Kirche in Meiendorf 1958.

kirche bis zur ländlich geprägten Vorstadtkirche. Die Uneinheitlichkeit des Erscheinungsbildes der Bauten dieser Zeit ist auch begründet in der Unsicherheit des Suchens zwischen Anknüpfung an die Kirchbautradition der Reformarchitektur, des Neuen Bauens und schließlich der allerneuesten Strömungen, die ihre Vorbilder in Frankreich und der Schweiz hatten. Publikationen über modernen bis modernistischen Kirchenbau überschwemmten den Markt. Sakralarchitektur war „in", und je ungewöhnlicher und ausgefallener sie sich gab, um so mehr wurde sie leider auch nachgeahmt. Glücklicherweise hat es im maßvollen hanseatischen Klima keine Übersteigerungen gegeben. Umso mehr wurde nach den etwas biederen Kirchenbauten der frühen 50er Jahre die neue A+O-Kirche in Hamm als extrem modern und gewagt empfunden. In ihr sahen vor allem die Jüngeren endlich einen Aufbruch in eine neue Dimension des Kirchenbaus und ein Ende des Nachkriegsprovinzialismus. Über das ungewohnt moderne Äußere der Hammer Dreifaltigkeitskirche hinaus kündigte sich im Innenraum eine neue Tendenz an, die in den 60er Jahren die Grundrißform fast aller Neubaukirchen bestimmte. Es war die Suche nach dem gemeinschaftlichen Raum, in dem die Gottesdienstbesucher mit dem liturgischen Geschehen am Altar eine Einheit bilden, ohne räumliche Trennung zwischen Gemeinde und Geistlichkeit. Es fällt auf, daß die Kirchengrundrisse immer einfacher wurden. Ovale, rechteckige, quadratische, trapezförmige Umschließungen durch die Außenmauern führten zu einem einheitlichen Raum, in dem Altar und Kanzel vor oder sogar inmitten des Gestühls stehen. Über diesen unterschiedlichen Grundriß- und Raumformen entstanden Kirchen in vielfältiger architektonischer Gestalt. Noch bestimmten große Dachformen die Raumabschlüs-

oben: Die Wände des Kirchenraumes umfassen den Altarraum und das Gemeindegestühl in einem einzigen einheitlichen Raum. Durch das Ansteigen der Decke zum Altarraum hin und durch das hoch einfallende Licht zwischen den Stahlbetonbindern wird die räumliche Spannung mit der Richtung zum Höhepunkt der Liturgie am Altar hin in Übereinstimmung gebracht. Die in ihrem Rohzustand belassenen Materialien, Beton und verputzter Stein, entsprechen den Tendenzen der späten 50er Jahre zum materialgerechten Bauen hin.

linke Seite: Die Dreifaltigkeitskirche am Horner Weg in Hamm ist bekannt geworden unter dem volkstümlichen Namen A- und-O-Kirche. Geimeint sind damit die Anfangs- und Endbuchstaben des griechischen Alphabets, Alpha und Omega, als Symbol für Anfang und Ende, Geburt und Tod. Der freistehende Stahlbeton-Glockenturm hat in seiner Ansicht die Form des Buchstabens A, der Grundriß mit den runden Raumfassungswänden die Form eines liegenden Omega.
1953 hatte der Münchner Architekt Reinhard Riemerschmid den Architektenwettbewerb gewonnen. Nach seinem Plan wurde die Kirche bis 1957 errichtet.

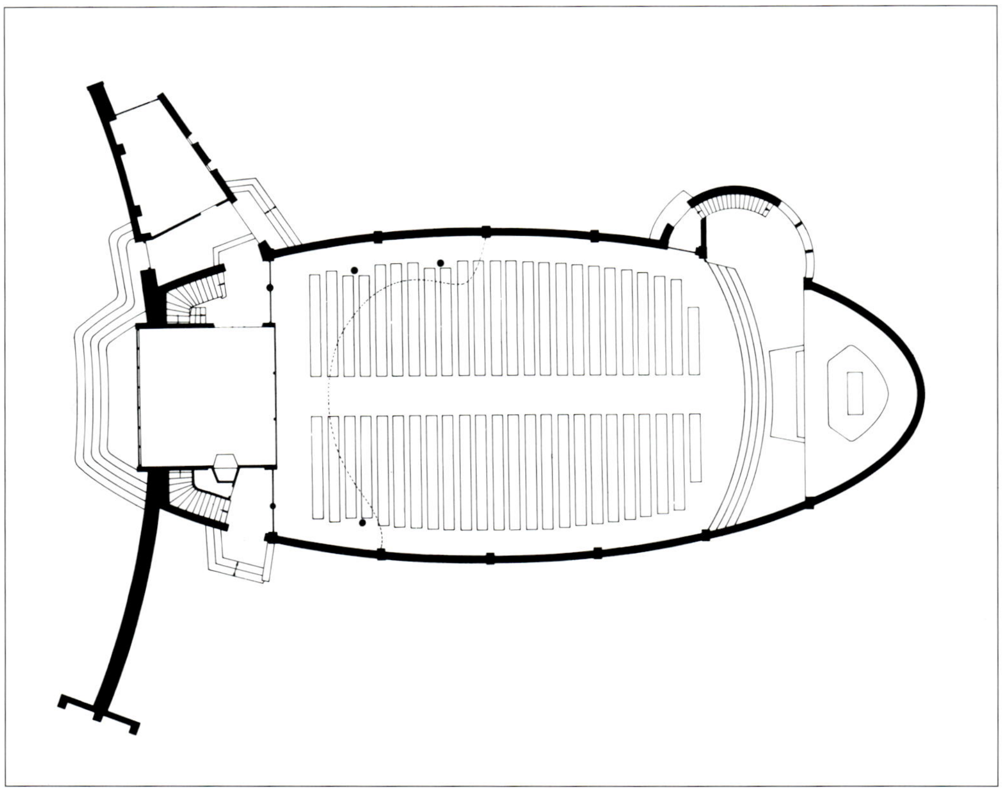

oben: Die Grundrißfigur zeigt die Einheitlichkeit des Kirchenschiffes mit den die Gemeinde und den liturgischen Bereich umfassenden Wänden. Die Taufkapelle ist als halbkreisförmiger Raum seitlich angehängt. Der Eingangbereich wird betont durch die das Hauptportal flankierenden geschwungenen Seitenwände, die den Eingangsbereich mit dem Glockenturm verbinden. Bei der Innenausstattung wirkten damals junge Hamburger Künstler mit. Der Bildhauer Fritz Fleer schuf den Altar, der Maler Klaus Wallner die Fenster in der Taufkapelle und der Bildhauer Helmut Amann die Plastik hinter dem Altar. Im Vorraum kam ein Bronzekruzifix von Jürgen Weber zur Aufstellung.

unten: Das Luftbild läßt die Formen des A (alpha) und O (omega) in der Ansicht des Turmes und in der Aufsicht auf das Kirchenschiffdach gut erkennen.

se, bis sich Ende der 60er Jahre kubische Bauten mit flachen Dächern immer mehr durchsetzten. Trotz aller Verschiedenheit und auch Uneinheitlichkeit im Äußeren gibt es doch eine erstaunliche Übereinstimmung in der Zuordnung der Gemeinde zum Ort der Liturgie im einheitlichen Raum.

Bis zum Ende der 60er Jahre blieb das Bauprogramm für kirchliche Zentren unangefochten: freistehende Kirchenschiffe mit Glockentürmen als städtebauliche Dominanten, große Gottesdiensträume mit 400 bis 600 Sitzplätzen in festen Bänken und prächtige Orgeln für die vielen kirchenmusikalischen Veranstaltungen. Die Kirchengebäude wurden eingefaßt und ergänzt durch eine ganze Gruppe von zum Teil sehr aufwendigen Profanbauten, Gemeindehaus mit großem Saal, Senioren- und Jugendzentrum, Kindergarten oder Kindertagesheim, Wohnhäuser für Pastoren, Organisten und Küster. Im Idealfall kam dann noch ein Altersheim dazu. Das war das Ideal des Kirchengemeindezentrums, das zu verwirklichen sich jede evangelische oder katholische Gemeinde erträumte.

Doch dann kam die bittere Ernüchterung. Man hatte sich übernommen. Die hohen Baukosten wurden zwar noch aufgebracht, aber die Folgekosten wuchsen den Gemeinden über den Kopf, angesichts der steigenden Personalkosten und des Rückgangs der Kirchensteuereinnahmen als Folge einer Anfang der 70er Jahre beginnenden überraschenden Kirchenaustrittswelle. Auch innerhalb der Gemeinden, vor allem in der jüngeren Generation, wuchs die Kritik an der Verwendung von Geldmitteln für aufwendige Bauten und Ausstattungen. In dieser Situation gab es ein aufrüttelndes Ereignis, das typisch für die unruhige Zeit der 68er Studentenrevolte war. 1969 fand der evangelische Kirchbautag in Darmstadt statt. In einer Arbeitsgruppe brachten „Delegierte der evangelischen Jugend Darmstadt“, eine Resolution ein, die mit der Feststellung begann: *„ [...] Dem heutigen Menschen sind teure Kirchen kein Anreiz zum Glauben, sondern Zeichen der unnützen Verwendung von Kirchensteuern [...] Angesichts des Hungers in der Welt machen teure Sakralbauten unsere Verkündigung unglaubwürdig. Daher fordern wir, a) Kirchtürme sollen aus Kirchensteuermitteln nicht mehr finanziert werden, b) bei der Frage nach Anschaffung von Uhren, Glocken und Orgeln sollen die Kirchengemeinden äußerste Zurückhaltung üben, c) der schlichte Versammlungsraum, der verschiedene Formen der Sammlung und Aktion ermöglicht, soll den Kirchengemeinden als sachgemäß für Neubauten vorgeschlagen werden.“*

Das Plenum stimmte dieser Resulution zu. Seitdem hat sich das Bild vom Kirchenbau grundlegend verändert. Die Bau- und Raumprogramme wurden radikal reduziert. Nur noch unbedingt notwendige Räume für die gemeindliche Arbeit sollten in einen Gesamtgebäudekomplex integriert werden, wobei der Gottesdienstraum als Mehrzweckraum auch als Gemeindesaal diente. Feste Bänke verschwanden vollkommen, auch Altäre und Kanzeln wurden wie loses Gestühl verrückbar. Flexibilität war Trumpf, und die Frage wurde schließlich

diskutiert, wo die Schwelle dessen liegt, was im kirchlichen Raum noch erlaubt sein darf und was nicht. Es gab Rockergemeinden mit Rockerpastoren, Pfarrer mit Alkoholausschankerlaubnis für die Jugendbar, Kinovorführungen und Gymnastikkurse im Kirchenraum.

Bei den wenigen Kirchen, die in den 70er Jahren in Hamburg gebaut wurden, hat die evangelische Kirche ganz auf Kirchtürme verzichtet, während die katholische Kirche noch am von außen deutlich als Sakralbau erkennbaren Kirchenbau festhielt. Die letzten großen evangelischen Gemeindezentren der 70er Jahre sind als Folge der Entwicklung im sozialen Wohnungsbau innerhalb der Großsiedlungen am Rande der Stadt entstanden. In der Reihenfolge der Bauzeit der Großsiedlungen waren es zuerst das Gemeindezentrum am Osdorfer Born. Es folgten dann im Norden Barmbeks das Gemeindezentrum in der Großsiedlung Steilshoop und im Osten Hamburgs am Mümmelmannsberg. Die Idee der Zusammenfassung aller Funktionen für eine Kirchengemeinde in einem einzigen Gebäude hat in diesen drei Baukomplexen ihren Höhepunkt gefunden.

Seitdem sind in Hamburg keine großen kirchlichen Neubauten mehr entstanden. Natürlich gab es eine Reihe von Restaurierungen, Umbauten, Erweiterungen, auch den Wiederaufbau der abgebrannten Apostelkirche in veränderter Form, aber das Kapitel Neubau ist, nachdem der Bedarf in den Gemeinden gedeckt wurde, wohl abgeschlossen. Eine Ausnahme bilden die Kirchen der beiden großen Konfessionen in dem einzigen geschlossenen Wohnungsneubaugebiet der 80er und 90er Jahre, in Neu-Allermöhe. In der Marschlandschaft südlich von Lohbrügge und Bergedorf entstand ein Wohngebiet, das mit seinen idyllischen Grachten und roten Backsteinbauten fast

oben: St. Peter in Groß Borstel am Schröderweg ist eine der schönsten und konsequentesten Kirchen des früh verstorbenen Architekten Otto Andersen. Der 1956-59 entstandene Bau führt die Gedanken der Hammer Kirche weiter. Die Einheitlichkeit des Raumes für die Gemeinde und den liturgischen Bereich ist hier noch enger aufeinander bezogen. Besonders schön ist die Lichtführung sowohl von der Rückseite als auch von der neben dem Altar angeordneten Taufkapelle her. Die Betonglasfenster schuf Klaus Wallner, die Bronzeplastiken Fritz Fleer.
Weitere Kirchenbauten in Hamburg von Otto Andersen entstanden mit der Paul-Gerhardt-Kirche am Bahrenfelder Steindamm 1954-56, der Martin-Luther-Kirche in Iserbrook 1953-54, der Trinitatiskirche in Rahlstedt-Hohenhorst und der Dietrich-Bonhoeffer-Kirche an der Greifenbergerstraße in Rahlstedt 1965-67.

holländisch anmutet. Die evangelische Kirchengemeinde ließ sich hier recht selbstbewußt einen freistehenden Kirchenbau mit spitzem Turm errichten. Die katholische Kirche fügt sich dagegen im Geschäftszentrum an einer Straßenecke mit einem zurückhaltenden und in sich geschlossenen Gebäude in die städtische Umgebung ein.

Das neue brandaktuelle Thema unserer Zeit sind die vielen großen Stadtkirchen, die von ihren Gemeinden kaum noch unterhalten werden können. Sonntags sind sie fast leer und werktags für andere als gottesdienstliche oder kirchenmusikalische Veranstaltungen kaum zu nutzen. Die fünf Hamburger Hauptkirchen in der Innenstadt haben auf diese Problematik reagiert. In einem Modell haben sie sich in ihrer Zusammenarbeit aufeinander abgestimmt, mit jeweils spezifischem Programm und eigenem Gesicht jeder Hauptkirche. Doch in den großen Kirchen außerhalb der Innenstadt, vor allem den vielen neugotischen aus dem späten 19. Jahrhundert und den Großkirchen der 50er und 60er Jahre unseres Jahrhunderts sieht die Lage völlig anders aus. Das „Hamburger Abendblatt“ meldete vor kurzem: *„Notverkauf der Gotteshäuser? Für die Hamburger Bischöfin Maria Jepsen ist der Verkauf von Gotteshäusern zur Sanierung des Kirchenhaushaltes kein Tabu mehr. Sie sagte: Ich kann mir nur schwer vorstellen, daß eine Kirche verkauft wird. Wir wissen aber nicht, wozu wir in ferner oder naher Zukunft genötigt sein werden.“* Der katholische Theologe Karl Rahner sprach vom künftigen Deutschland als einem *„heidnischen Land mit christlicher Vergangenheit und christlichen Restbeständen“.*

Doch was wäre Hamburg ohne seine Kirchen, ohne seine Türme? Ohne die Silhouette der Innenstadt über die Alster hinweg, ohne die roten Backsteintürme des 19. Jahrhunderts am Kuhmühlenteich oder am Turmweg? Was wären die Hamburger Dörfer ohne die barocken Kirchen, mit ihren Altären, Kanzeln und Orgeln? Achthundert Jahre Kirchengeschichte haben Hamburgs Bild mitgeprägt. Die Wiederherstellung der Kirchtürme nach der schrecklichsten Katastrophe, die Hamburg in seiner Geschichte getroffen hatte, war ein Anliegen der ganzen Stadt. Bewahrung der Kirchen in unserer und künftiger Zeit sollte Anliegen nicht nur der Christen, sondern aller Hamburger sein und bleiben.

oben: Am Rande des Villengebietes von Hochkamp und in noch halb ländlicher Umgebung von Alt-Osdorf baute 1956-57 der Hamburger Architekt Joachim Matthaei die St.-Simeonkirche. Es entstand eine für diesen Architekten typisch strenge, klar und knapp ausgeformte Gebäudegruppe, die ausgewogen in ihren Proportionen und sorgfältig bis ins letzte Detail durchgebildet ist. Der Innenraum in seiner klaren, schlichten Gestalt wird von einer hölzernen Decke überwölbt. Altarbereich und Gemeindegestühl sind einheitlich im Raumrechteck zusammengefaßt. Ein besonderes Kunstwerk stellen die Passionstafeln an der Altarrückwand der Bildhauerin Ellen Sieveking dar. Von Joachim Matthaei wurde in Eimsbüttel an der Lutterothstraße die Bethlehemkirche gebaut, ihr Hauptportal schuf Fritz Fleer.

rechte Seite: Von der barocken Dreifaltigkeitskirche in Harburg an der Neuen Straße ist nach den Zerstörungen des Krieges nur noch die Ruine der Westfront mit der Sandsteinumfassung des Portals und dem darüber befindlichen Fragment der Christusfigur geblieben. Die Architekten Ingeborg und Friedrich Spengelin gestalteten innerhalb der zwischen 1963 und 1968 errichteten Gesamtanlage des neuen Gemeindezentrums einen dreiseitig umschlossenen Eingangshof, der von der Straße aus durch das Portal der alten Kirche zugänglich ist. Sie schufen damit ein schönes Beispiel für die sinnvolle Verbindung historischer Dokumente mit neuer Architektur.

linke Seite: Münchener Künstler schufen die Martinskirche am Geidelberg in Rahlstedt. Der Architekt Olaf Andreas Gulbransson plante den Kirchenbau, der zwischen 1957 und 61 entstand. Die Betonglasfenster stammen von Hubert Distler und die plastischen Kunstwerke, Kruzifix und Leuchter von Karl-Heinz Hoffmann. Das Kirchenschiff und der daneben aufragende Glockenturm stehen auf einer leichten Anhöhe. Mit dem weit heruntergezogenen Satteldach fügt sich die Kirche gut in die vorstädtisch-ländliche Umgebung ein. Vor allem im süddeutschen Raum hat Gulbransson in der kurzen Schaffenszeit, die ihm bis zu seinem tragischen, unverschuldeten Autounfalltod 1962 vergönnt war, eine große Zahl beispielhafter evangelischer Kirchen gebaut. Sein stets variiertes Thema war es, die Gottesdienstbesucher ganz eng in Verbindung mit dem Altar, der Kanzel und der Taufe zu bringen.

oben: Das Innenraumbild zeigt die konzentrierte Hinführung auf die schmale, hohe Altarrückwand, in der das Betonglasfenster von Hubert Distler die Funktion eines Altarbildes übernimmt.
Nicht weit entfernt, in Oststeinbek, hat Gulbransson eine zweite evangelische Kirche gebaut, die nach seinem Tod eingeweiht wurde.

linke Seite: Der Saseler Markt hat durch die Vicelinkirche seinen städtebaulichen Akzent erhalten. Mit der Orientierung zur Straße hin liegt die „Kirche am Weg“. Der Glockenträger vor dem Haupteingang bildet ein Tor vor dem zeltartig überdachten Kirchenraum. Der Bau wurde 1959-62 von Horst Sandtmann und Friedhelm Grundmann errichtet.

oben: Unter dem Zeltdach steigen die Seitenwände zum Altar hin an. Sie enden beiderseits vor den großen, farbigen Bleiglasfenstern von Lothar Quinte, Karlsruhe, der auch den Altarteppich in der Mittelachse der Altarrückwand schuf. Das silberne Altarkreuz und die Leuchter stammen von Hans Kock. Gleichzeitig mit der Vicelinkirche bauten die Architekten Sandtmann und Grundmann die Kirche Zum Guten Hirten in Hamburg-Langenfelde am Försterweg.

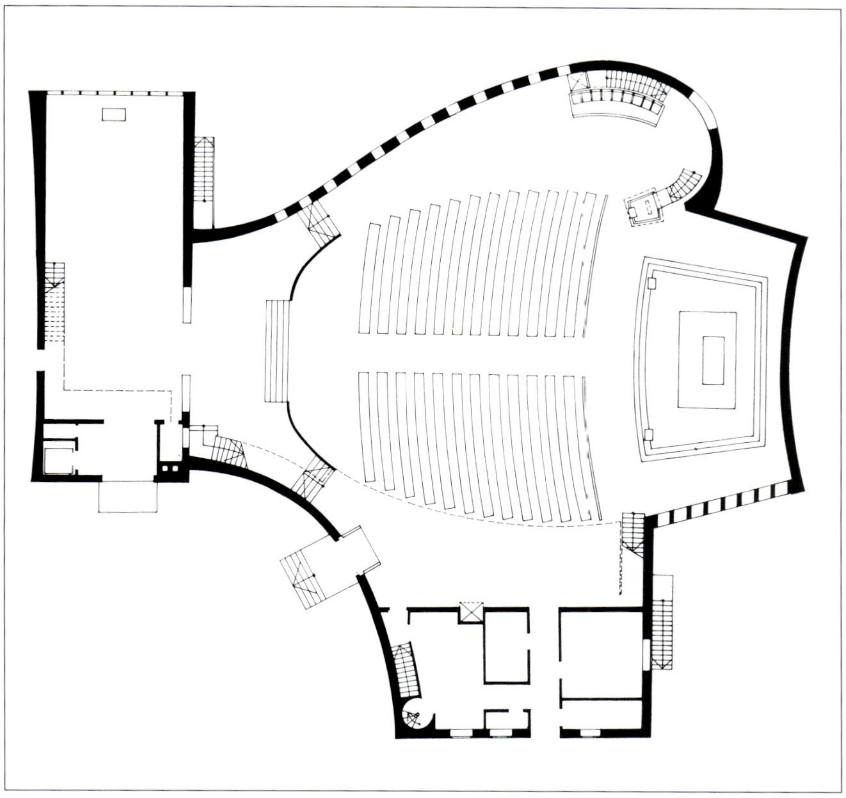

links: Das Stadtbild von Harvestehude am Klosterstern wird beherrscht durch den hohen, spitzen Turmhelm der neuesten Hamburger Hauptkirche, St.Nikolai. Als Nachfolgebau der zerstörten Nikolaikirche am Hopfenmarkt entstand dieser kirchliche Großbau zwischen 1959 und 62 nach den Plänen des bekannten Hamburger Kirchenarchitekten Gerhard Langmaack. Hinter einem kubisch blockhaften Westwerk, mit Naturstein verkleidet und von der Kirchturmspitze bekrönt, entwickelt sich der freischwingende, von einem Gewölbe überdachte Kirchenraum.

rechts: Die Künstlerin Elisabeth Coester schuf 1939 das große Farbfenster mit Themen aus der Apokalypse des Johannes für das hohe gotische Schiff der alten St.-Nikolaikirche am Hopfenmarkt. Wegen des Kriegsausbruches wurde es nicht mehr eingebaut und fand nun 1962 in der neuerrichteten Hauptkirche St. Nikolai am Klosterstern in der Eingangshalle seinen neuen, endgültigen und würdigen Ort.

Der weit ausschwingende Innenraum der Hauptkirche St. Nikolai wird zusammengefasst und überwölbt durch eine profilierte Holzdecke. Im Zentrum über dem Altar hängt ein Mosaikbild von Oskar Kokoschka mit der Darstellung der Kreuzigung Christi unter dem Thema „Ecce homines", das heißt „Siehe, welch ein Mensch!" An der Wand neben der Kanzel hängt ein großer hölzerner Druckstock mit der Darstellung des heiligen Ansgar, den der schwäbische Künstler H.A.P. Grieshaber für die Ansgar-Feier im Jahre 1964 und die Ausstellung im Südschiff von St. Jakobi schuf. Das Altarkreuz und die Reliefplatten an der Kanzel stammen von Fritz Fleer. Bemerkenswert sind die Antependien der finnischen Künstlerin Eira Ahola, die auch in vielen anderen Hamburger Kirchen künstlerisch hochwertige Textilarbeiten schuf.
Von dem Architekten Gerhard Langmaack stammt in Hamburg noch die Kreuzkirche an der Billstedter Hauptstraße von 1952-53. In Zusammenarbeit mit Dieter Langmaack entstand die Bodelschwingh-Kirche an der Forsmannstraße in Winterhude 1961-62.

links: An der verkehrsreichen Sievekingsallee in Hamburg-Hamm liegt die Simeonkirche mit ihren Nebengebäuden, Kindergarten und Pastorat. Ursprünglich sollte noch ein Gemeindehaus den Kirchenvorplatz seitlich begrenzen. Die Kirche liegt mit ihrem kubischen Westwerk gegenüber dem Straßenniveau erhöht. Die Gebäudegruppe wurde 1965-67 von den Architekten Friedhelm Grundmann und Herbert Kuhn in Zusammenarbeit mit dem Bildhauer Hans Kock geplant und ausgeführt.

oben: Der Innenraum der Simeonkirche wird durch geschlossene, weißgeschlemmte Ziegelwände umgrenzt. Auf ihnen ruhen die Deckenbalken aus rohem Beton, zwischen denen das einfallende Licht von oben in den Kirchenraum einströmt. Zwischen dem Gestühl führt der Mittelgang direkt zum breit gelagerten Altarraum. Ein die Kanzel architektonisch fixierender Mauereinsprung auf der rechten Seite findet sein Gegengewicht in der Taufkapelle auf der linken Seite. Alle plastischen Elemente: Kanzel, Altar, Taufstein, das Relief über dem Altar und das farbige Eingangsportal schuf der Bildhauer Hans Kock. Das Betonglasfenster in der Taufkapelle stammt von dem Hamburger Maler Karl Goris.

Seite 150: 1972 wurde die neue Orgel der Simeonkirche eingeweiht. Ungewöhnlich für ein Orgelgehäuse ist der asymetrische Aufbau. Das Rückpositiv im Vordergrund wird von roten Säulen flankiert. Hauptwerk und Pedal stehen in der Raumdiagonale gegenüber der Kanzel. Die starke Plastizität und die intensive Farbigkeit der Orgel und der neugestalteten Emporenbrüstung läßt deutlich die Hand des Künstlers Hans Kock spüren, der mit Friedhelm Grundmann und dem Orgelbauer Karl Lötzerich eng zusammenarbeitete.

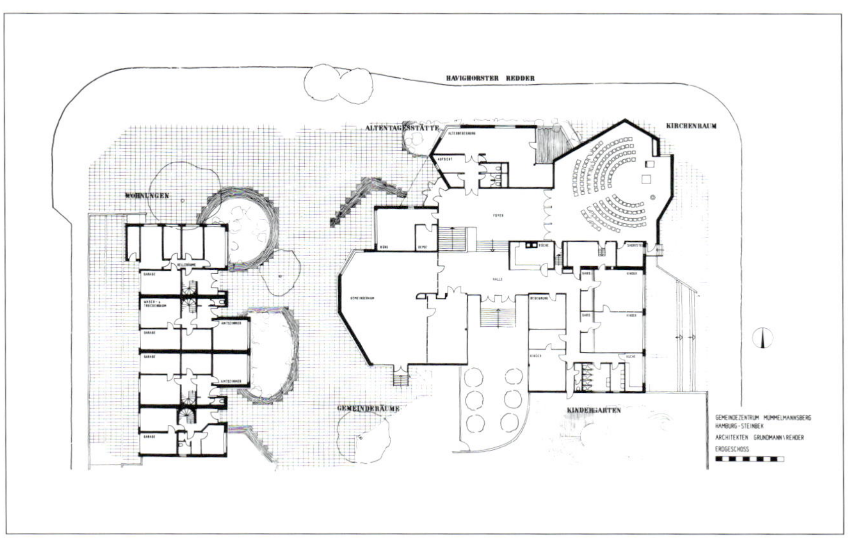

oben: Im Zentrum der Großsiedlung Mümmelmannsberg wurde am Havighorster Redder ein großes Gemeindezentrum gebaut, in dem der Kirchenraum mit den Räumen für die Gemeinde, dem Kindergarten, dem Jugendzentrum und den Büros unter einem Dach vereinigt ist. Zwar ist der Baukomplex von außen in seinen Höhen und Gebäudeformen stark differenziert, von innen jedoch sind alle Bereiche durch ein zentrales Eingangsfoyer in zwei Ebenen miteinander verbunden. Der Bau wurde zwischen 1973 und 1976 von den Architekten Grundmann-Rehder-Zeuner und dem Künstler Hans Kock geplant und verwirklicht. Die bildhafte Gestaltung der Fassaden mit vorgehängten, farbig gefaßten Emailleplatten hebt das Gemeindezentrum aus der monotonen Umgebung der Wohnbauten heraus. Die Kirche wird so zu einem Identifikationspunkt im Zentrum der neuen Siedlung.

kleines Bild: Im Grundriß des Gemeindezentrums Mümmelmannsberg wird die komplexe Zusammenfassung sämtlicher Raumbereiche deutlich. Das zentrale Foyer mit seinen unterschiedlichen Höhen verbindet die Jugendräume im Untergeschoß, den Kirchensaal im Erdgeschoß und die Gemeinderäume in der oberen Ebene. Der Kindergarten schließt mit einer eigenen Erschließung seitlich an. Ein Komplex mit Pastorat und Wohnungen sowie einem Gästeappartment ist quer zum Vorplatz in einem eigenen Bau angeordnet. Der Vorplatz selbst verbindet auf dem kircheneigenen Grundstück das Geschäftszentrum der Siedlung mit dem Wohngebiet im Süden.

Seite 152/153: An der Hagenbeckstraße in Stellingen fühlt man sich ins alte Rußland versetzt angesichts der Zwiebeltürme der Prokopiuskirche, die hier von 1961-65 errichtet wurde. Bis dahin feierte die russisch-orthodoxe Gemeinde ihre Gottesdienste in einer Hauskapelle am Böhmersweg in Pöseldorf. Anders als im katholischen und evangelischen Kirchenbau hat die orthodoxe Kirche immer auf ihrer traditionellen Kirchenarchitektur beharrt.

links: 1977 brannte die 1894 erbaute neugotische Apostelkirche in Eimsbüttel vollständig aus. Nachdem der Abbruch der Ruine verworfen wurde, sollten beim Wiederaufbau alle Gemeinderäume mit einem Gottesdienstraum innerhalb der alten Außenmauern untergebracht werden. Nach einem Architektenwettbewerb erhielt Bernhard Hirche den Auftrag für den Wiederaufbau unter diesen Gesichtspunkten. Bei der Durchführung unterstützten ihn die Architekten Grundmann und Rehder. Der Grundgedanke des Wiederaufbauentwurfes war es, in Höhe der ehemaligen Empore eine Zwischendecke einzuziehen und den Kirchenraum in die obere Ebene zu verlegen, während im Erdgeschoß variable Gemeinderäume eingeordnet wurden. Damit nahm der Architekt das Prinzip der Heilandskirche und der Bugenhagenkirche wieder auf. Um das neue Innenleben der Kirche auch außen sichtbar zu machen und um zusätzlich eine gute Ausleuchtung des zweigeschoßigen Grundrisses zu erreichen, wurde die Fensterrose im südlichen Querhaus zu einem Eingangsportal vor einem nach oben verglasten Innenhof vergrößert. Der Vorplatz, der Innenhof und das anschließende Forum im Erdgeschoß dienen der Begegnung. Von hier aus führt eine großzügige Treppenanlage in das obere Kirchengeschoß.

oben: Der Blick in den Gottesdienstraum der Apostelkirche zeigt noch die neugotische Wandstruktur der Zeit vor dem Brand; dazwischen faltet sich eine frei in den Raum gespannte, zeltartige Decke über den Gemeindebereich. Das Gestühl ist ausgerichtet auf den Chor mit dem freistehenden Altar und Kanzel. In den drei Altarraumfenstern sind anstelle der zwölf Apostel des Neuen Testaments sechs Frauen und sechs Männer porträtiert, die der Kirchenvorstand für glaubwürdige Zeugen des Evangeliums hält. In der Gesamtheit dieser zwölf Persönlichkeiten, z.B. Sophie Scholl, Martin Luther King, Dietrich Bonhoeffer, Albert Schweitzer oder Arnulf Romero, werden „Grundlinien eines Apostelverständnisses dieser Tage deutlich“.

In Hamburgs neuem Stadtteil Neu-Allermöhe wurde in unmittelbarer Nähe des S-Bahnhofes die römisch-katholische Edith-Stein-Kirche am 8. August 1992, dem 50. Todestag von Edith Stein, geweiht. Die Architektengruppe Planen und Bauen hat innerhalb einer amorphen städtebaulichen Situation den Bau eines „innerstädtischen Klosters" angestrebt. Der kreisrunde Gottesdienstraum dominiert innerhalb der Gebäudegruppe, die aus miteinander verbundenen Funktionsbereichen wie Kindergarten, Gemeinderäumen und Wohnungen besteht. Der Gottesdienstraum ist in äußerster Konsequenz als Zentralraum ausgebildet.
Besonders hervorzuheben ist die künstlerische Gestaltung der Kirche. Altar, Ambo, Kreuz, Leuchter, Fenster, Türen wurden in Form und Farbe unverwechselbar und äußerst anspruchsvoll von dem Kölner Künstler W. Gies geschaffen und in die Architektur integriert. Weil das ehemalige Konzentrationslager Neuengamme im Gebiet der Kirchengemeinde liegt, wurde die im KZ Auschwitz ermordete Edith Stein als Kirchenpatronin gewählt. Ihr Ausspruch „Das Kreuz ist ganz Licht" ist das Thema des großen Kirchenfensters, das einem Altarbild entspricht.

Namens- und Sachregister

Literaturverzeichnis

Bahns, Jörn: Johannes Otzen 1839-1911, München 1971

Bauen für die Gemeinde von morgen, Hrsg. Hartmut Johnsen, Hamburg 1969

Die Architektur der Synagoge, Hrsg. Hans-Peter Schwarz, Frankfurt/M. 1988

Die Bau- und Kunstdenkmale der Freien und Hansestadt Hamburg:

Band I - Bergedorf-Vierlande-Marschlande, Hrsg. Günther Grundmann, bearbeitet von Renata Klee Gobert, Hamburg 1953

Band II - Altona-Elbvororte, Hrsg. und Bearbeitung wie Band I, Hamburg 1959

Band III - Innenstadt; die Hauptkirchen St. Petri, St. Katharinen, St. Jacobi, Hrsg. Joachim Gerhardt, bearbeitet von Renata Klee Gobert mit Peter Wiek, Hamburg 1968

Grundmann, Friedhelm: Hamburg, München 1978

Grundmann, Günther: Großstadt und Denkmalpflege, Hamburg 1945-1959, Hamburg 1960

Hamburg und seine Bauten, Hrsg. Architekten- und Ingenieur-Verein e.V., Band 1890, 2 Bände 1914, Band 1918-1929, Band 1929-1953, Band 1954-1968, Band 1969-1984, alle in Hamburg erschienen

Hannmann, Eckhardt: Carl Ludwig Wimmel 1786-1845, München 1975

Heckmann, Hermann: Barock und Rokoko in Hamburg, Berlin 1990

Hipp, Hermann: Freie und Hansestadt Hamburg, Köln 1989

Hoffmann, Gerd, und Lindemann, Konrad: Kirchen in Stadt und Land, Hamburg 1990

Langmaack, Gerhard: Evangelischer Kirchenbau im 19. und 20. Jahrhundert, Kassel 1971

Mathieu, Kai: Der Hamburger Dom, Hamburg 1973

Nellesen, Bernd: Das mühsame Zeugnis. Die katholische Kirche in Hamburg im zwanzigsten Jahrhundert, Hamburg 1992

Schellenberg, Karl: Das alte Hamburg, Hamburg 1975

Schiller, Gertrud: Hamburgs neue Kirchen 1951-1961, Hamburg 1961

Stoob, Heinz: Hamburgs hohe Türme, Hamburg 1957

Für Information und tatkräftige Unterstützung danken wir Pastor Hinrich C. G. Westphal.

Bildnachweis:
Karl-Heinz Petersen: S. 13
Staatliche Landesbildstelle Hamburg: S. 6, 11, 15 o., 27 o., 40, 43, 44 o., 45, 48, 93, 104
alle anderen: Thomas Helms